かんたん！愛情手作り
ぬのえほん・ぬのおもちゃ
いしかわ☆まりこ

かんたん！愛情手作り
布えほん・布おもちゃ
CONTENTS

PART1 パタパタ布えほんと布おもちゃ

- 04 ちいさなおともだち
  ぴよぴよ小鳥／いもむしくん／にぎにぎあかちゃん／ふわふわわなげ
- 06 いない いない ばあ
  ミトンのにわとり／でっかいぞう
- 08 いろんなかおがいっぱい
- 10 いもむしくんのおさんぽ
- 12 これ、なあに？
- 14 なにがでるかな？

PART2 1枚の布えほんと布おもちゃ

- 33 タオルでつくるおともだち
  トコトコ人形／どうぶつ親子
- 34 かくれんぼしよう
- 36 だれがすんでるの？
- 38 おばけハウス
- 40 うさこのいちにち
- 42 海の中になにがいる？
- 44 森の中のおうち
- 46 きせかえほん

PART3 動かして遊ぶ布えほんと布おもちゃ

- 65 へんしん人形
- 66 たくさんつなげよう
  手つなぎどうぶつ／つながるお魚／ガタゴト電車
- 68 もぐもぐちゃん
- 69 たまごがポン！ひよこがポン！
- 70 うごくのりもの
  空〜飛行機、ヘリコプター／線路〜電車、新幹線／
  道路〜自動車、トラック／海〜船、ヨット
- 72 おせんたくしよう
- 74 おしゃれなかばん
- 76 おいしゃさんのかばん
- 78 ケーキをつくろう

Column
- 16 さわってみよう
- 48 音を出そう
  ぶたさんブーブー／うんてんごっこ
- 80 くっつけよう
  どうぶつマグネット／ライオンさんのジグソーパズル

『ママと子どもたちのたくさんの笑顔が見たいです』
いしかわ☆まりこ

　この本の中に登場する作品たちは、どれもこれもびっくり！！するくらいかんたんにできます。材料は100円ショップで売っているものや、おうちにあるものばかり。もちろん、フェルトは切りっぱなしでOKだし、タオルやくつしたはそのままの形を生かして作っているから、とってもらくちんなのです。
　ママさんたちに、「これなら作ってみようかな」と思ってもらえるよう、願いを込めて製作しました。
　愛情あふれたママの手作り布えほんや布おもちゃで、お子さんとのコミュニケーションをもっともっと深めてもらえたら…なんてステキなのでしょう。
　……ママと子どもの笑顔がたくさん生まれますように。

『やさしい布おもちゃで親子のスキンシップを』
中谷真弓（乳幼児教育研究所）

　布おもちゃは、子どもの情緒を安定させ、やさしい気持ちを育てるものです。布おもちゃを子どもに与えさえすればよいというものではなく、年齢が小さい子どもほど大人がいっしょに遊ぶことが大切です。
　リズミカルなことばをかけながら、おもちゃを動かしたり、スキンシップ遊びを通して大人とかかわることが、子どもの豊かなコミュニケーション能力を育てます。
　最近はカラフルな布おもちゃが市販で手に入りますが、身近な素材を工夫してかんたんなものから手作りしてみませんか。ぬいものはちょっと苦手という方も、ぬうところが少なくて短時間でできるものから手作りにチャレンジしてみてください。そしてあなたの作った作品で、子どもと遊んでみてください。子どもの笑顔が、きっと「次の作品を作ってみよう」という気持ちにさせてくれることでしょう。

PART1 パタパタ布えほんと布おもちゃ

ちいさな おともだち
いつでもさわって遊べる布おもちゃ。そんなお友だちをたくさん作りましょう。

ぴよぴよ小鳥

2歳〜
作り方→18ページ

カラー軍手の指先で作るちっちゃな小鳥たち。底にマグネットを入れて閉じたり、マジックテープⓇをぬいつけたりすれば、いろいろなところに立たせやすくなります。「ぴよぴよことり、ぴーよぴよ」などといいながら、子どもの手の中に入れてあげたりして遊んでみましょう。

いも むしくん

0歳〜
作り方→18ページ

100円ショップにあるヘアバンドを使って、手ざわりのいいカラフルないもむしくんたちのできあがり。文房具店に売っている「ほねほねくんⓇ」を中に入れれば、形も自在に動かせます。色や形を変えて楽しみましょう。

にぎにぎあかちゃん

0歳〜
作り方 ➡ 19ページ

くつしたで作るにぎにぎです。くつしたのレースを生かしてかわいいあかちゃんにしたり、ラインを生かしてぼうしをかぶったねずみやうさぎのようにしたりできます。大きさや柄を変えても楽しいでしょう。中に鳴き笛を入れれば、音を出すおもちゃにもなります。

ふわふわ わなげ

1歳〜
作り方 ➡ 19ページ

100円ショップにあるヘアバンドにわたをつめてドーナツ状にぬい、ふわふわの輪を作ります。軸はペーパーホルダーです。投げるのがむずかしいうちは、頭に乗せてみたり、腕に通したりして遊びましょう。お母さんが「ひとーつ、ポン！」といいながら投げて入れてみせようとすると、子どももまねをして遊びます。

いない いない ばあ

「いない いない ばあ」は、子どもが大好きな遊び。いつだって笑い声が絶えないハッピータイム。

ミトンのにわとり

歳～

作り方→**20**ページ

ミトンをにわとりに見立てた、片手でできる「いない いない ばあ」です。ミトンにカラーのマジックテープ®をぬいつけ、フェルトのひよこやたまごをつけます。手をにぎって隠し「いない いない ばあ」で開いて「あっ、ひよこさんがいたね」などとことばをかけましょう。

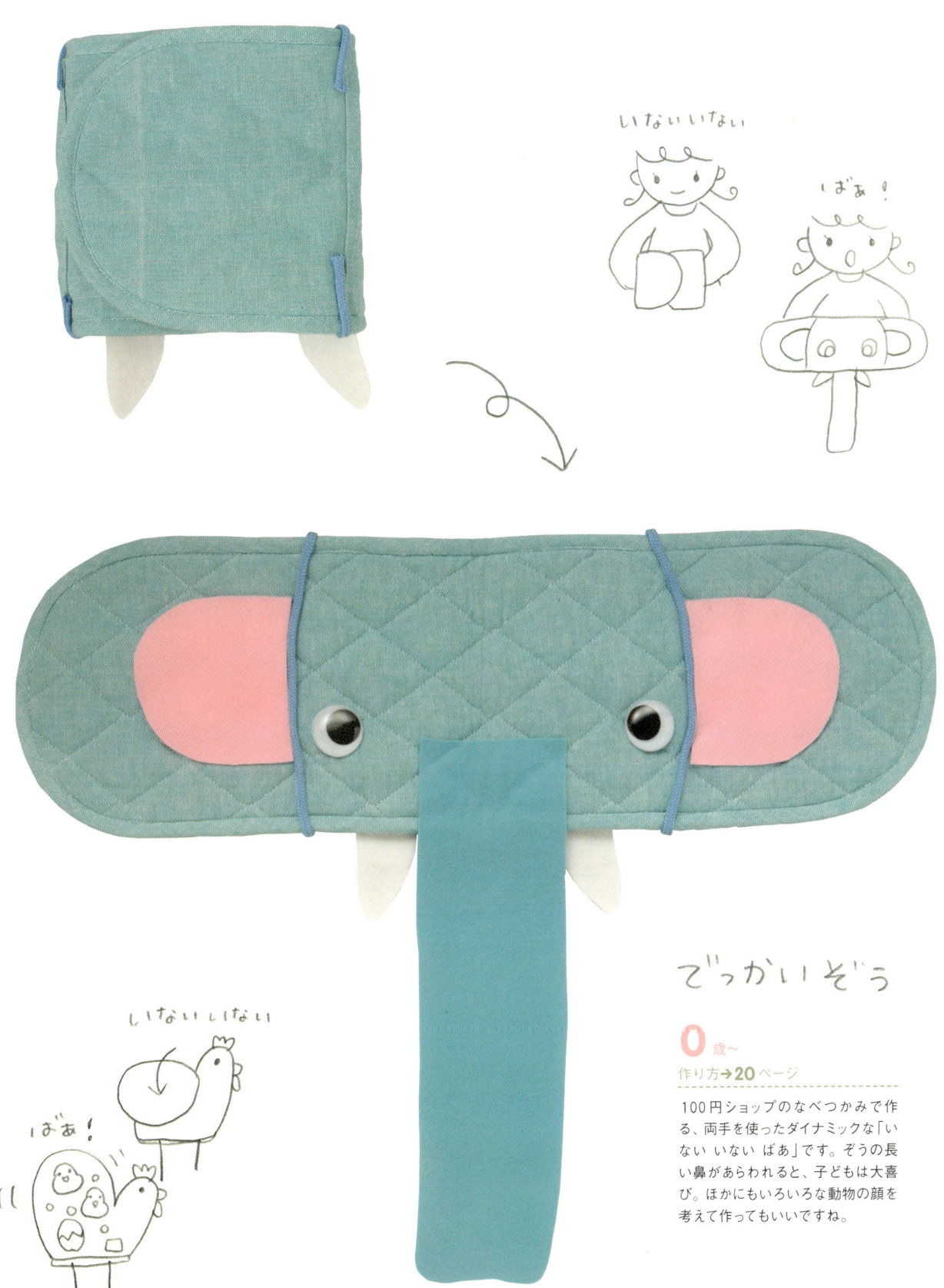

でっかいぞう

0歳〜
作り方→**20**ページ

100円ショップのなべつかみで作る、両手を使ったダイナミックな「いない いない ばあ」です。ぞうの長い鼻があらわれると、子どもは大喜び。ほかにもいろいろな動物の顔を考えて作ってもいいですね。

いろんな かおが いっぱい

4枚のフェルトから4つの表情があらわれて、語りかけてくれる楽しい布えほん。

0歳〜

作り方→**22**ページ

フェルトの布えほんの笑った顔を見せて、「にこにこちゃん」といいながら、お母さんもにこにこ顔で子どもを見ます。布えほんとお母さんの顔を対応させて遊びましょう。

「さあ、おやつの時間ですよ」「わーい」

ぷんぷん

にこにこ

「わんわん、ぱくっ」「あっ、イヌにとられちゃった！」

しくしく

「あらあら、またあげましょうね」

「おいしいおかしだったのに…」

にっこり

「おかあさんがまたおやつをくれたよ」

いもむしくんの おさんぽ

いもむしくんのパタパタ布えほん。ストーリーを作って、
子どもといっしょに遊びましょう。

むしゃむしゃ、おいしいね。このはっぱ

むしゃむしゃ、おいしいりんごだね

2歳〜
作り方→**22**ページ

4枚のフェルトをつなげて、いもむしからちょうになるまでをえほんにしました。4ページで作ったいもむしを使って遊びます。いもむしくんを穴から通したり、くしゅくしゅリボンの輪に通したりして遊ぶうちに、指先の使い方がじょうずになります。

ぼく、さなぎになっちゃった

ほーら、おとなになって、きれいなちょうちょになったよ！

これ、なあに？

フェルトを使った楽しいかたち合わせの遊びです。
カラフルで単純なのがポイント！

まあるいふうせんだね

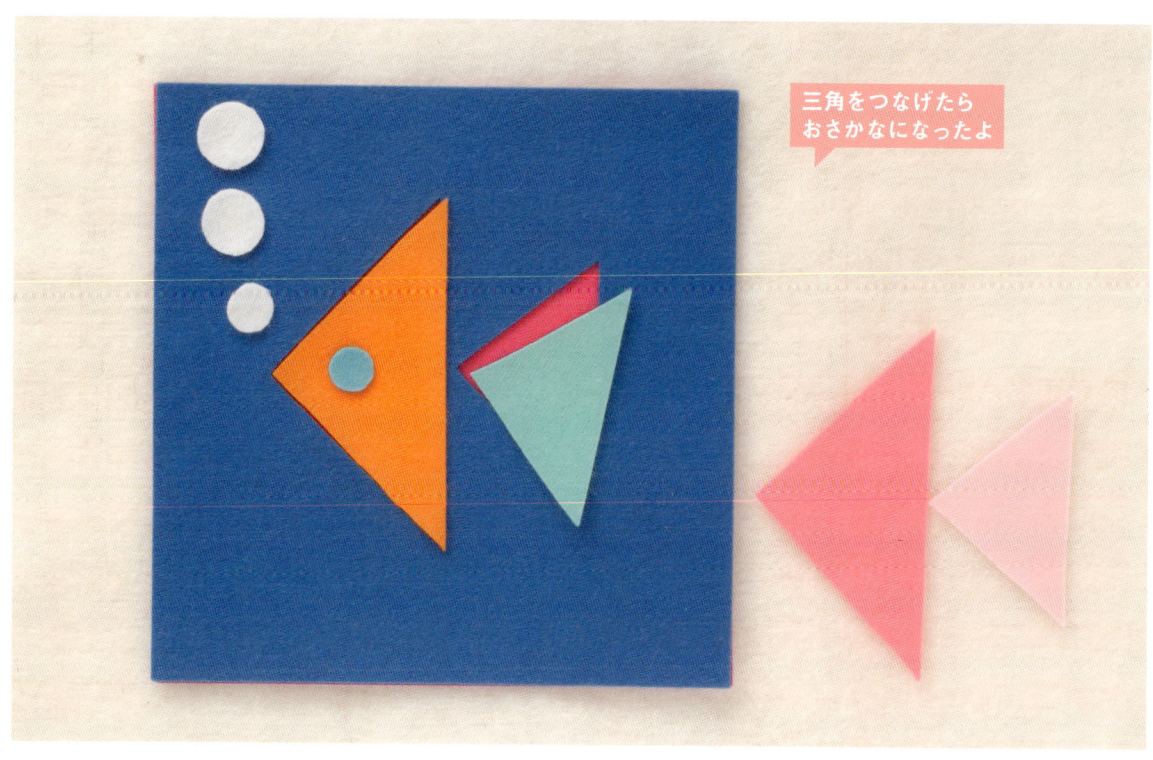

三角をつなげたら
おさかなになったよ

2歳〜
作り方➡26ページ

色の違うフェルトを2枚重ねます。あらかじめ上の1枚のかたちを切り抜いておくとパーツが合わせやすく、はめやすくなります。色合わせの学習にもなるでしょう。単純なかたちを合わせて、いろいろなものが作れる驚きも感じさせたいですね。

三角と四角でおうちができた

これはなにかな？

あっ、くるまだ！

なにが でるかな？

中にかくれているものはなんでしょう？
子どもといっしょにドキドキ！。

なにがでるかな？

うさぎさんがでてきたね

うさぎさんの
きょうのおやつは
りんごだね

うさぎさんが
りんごをもって、
ドライブにいくよ

わあ、きれいなお花畑だ

1歳〜
作り方➡26ページ

かんたんにめくりやすいように、リボンでつまみを作ります。1枚を開いて、「あ、うさぎざんだね」とものの名前をいいましょう。慣れてきたら、何が出てくるか、当てっこをしてもいいですね。中から出てきたものを順番に使ってお話を作って遊びましょう。

さわってみよう

素材を変えて、さわった感触の違いを確かめましょう。
いろいろな擬態語を使うことで、ことば遊びも楽しめて語彙も広がります

1歳〜

作り方→**28**ページ

布にもいろいろな種類がありますね。手でさわって、どんな感じがするか、ことばでいい表すことによって表現力もついてきます。毛糸やビニール、プラスチックなど、違う素材にもふれてみましょう。

フェイクファー

ふわふわ

スーパーのポリ袋

カシャカシャ

毛糸

もじゃもじゃ

タオル

ふかふか

布えほん・布おもちゃを作るための準備

かわいい布えほんや布おもちゃを作るために必要な材料や基本のステッチを紹介しましょう。

おもに使うもの
(*印のものは100円ショップでも入手できます。ほかは手芸店、文房具店等でお求めください)

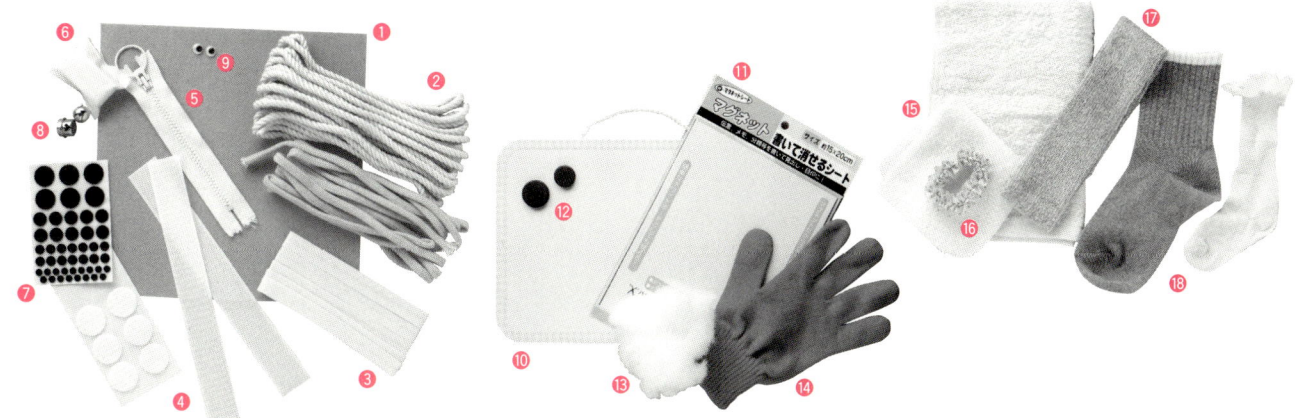

❶ フェルト*／基本は20cm×20cmのもの。色も豊富です。

❷ 綿ロープ*／5mm太さ、8mm太さなど用途に合わせて。アクリル100%のカラーロープもあります。

❸ バイアステープ*／段ボールのふちをまいたりするのに使います。

❹ マジックテープⓇ*／とりはずしする作品に。丸型もあります。

❺ ファスナー／短いものが使いやすいです。

❻ 鳴き笛／4cm×5cmのものが重宝します。

❼ フェルト丸シール／目をつけるときに。切る手間がいりません。

❽ 鈴*／作品に合わせて大小使い分けて。

❾ 動眼／プラスチック製の目。表情が出ます。

❿ マグネットボード*／B5サイズのものが使いやすいです。

⓫ マグネットシート*／はさみでどんな形にも切れるので便利です。

⓬ マグネットボタン／人形を立たせたりするときに使います。

⓭ わた*／ぬいぐるみなどの中身には欠かせません。

⓮ 軍手*／カラフルな色を使って楽しい作品作りを。

⓯ タオル*／フェイスタオル、ミニタオルなど作品に合わせていろいろな大きさと色を選んで。

⓰ 布製ヘアゴム*／布えほんに楽しい工夫をするときに使います。

⓱ ヘアバンド／中にわたをつめて、わにしたり、いもむしにしたり…。

⓲ くつした*／大きさや柄を変えれば、バリエーションが広がります。

●そのほかに必要なもの

カラーわゴム*／ヘア用だと、より丈夫です。

ボタン／目にしたりつまみにしたりもようにしたり、いろいろな用途で。

目玉ボタン／丸い目玉用のボタンです。

スナップボタン*／布おもちゃのパーツのとりはずしに便利です。

手芸用ボンド*／布どうしをはりあわせるときに使います。

接着剤*／異素材のものをはりあわせるときに使います。(クリアなタイプがおすすめ)

目打ち*／段ボールに穴をあけたりするときに使います。

ししゅう糸*／フェルトをとじたり、ぬいぐるみの顔を作ったりするときに使います。

針・糸・はさみ／素材、色、用途に合わせて使う手芸用具の定番。

基本のぬい方

この本で、おもにフェルトをぬうときによく使うぬい方です。覚えておきましょう。
※指定の糸以外は、フェルトと同色のししゅう糸1本どりでぬいます。
※ステッチの間隔は作品の大きさに合わせて。

基本は並ぬい

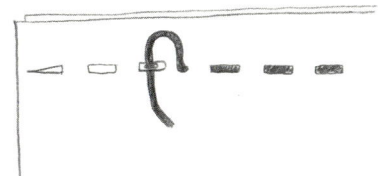

たてまつり(まつりぬい)

ブランケットステッチ

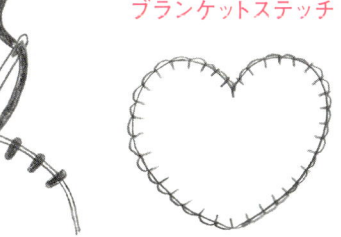

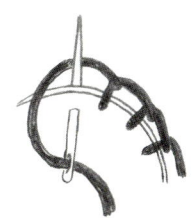

ぴよぴよ小鳥

作品 → 04ページ
型紙 → 21ページ

材料(1つ分)
軍手[黄]1枚(5つ作れます)、フェルト[オレンジ]2cm×2cm [黄]2cm×2cm、カラーわゴム1本、わた適量、目玉ボタン4mm2こ

※フェルトの枚数は特に表記しない限り、各色・各寸法1枚です(以下同じ)。

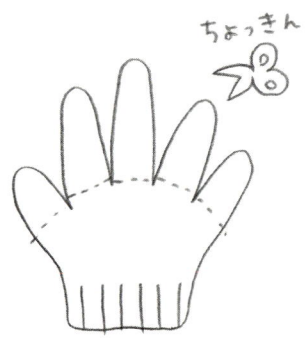
1 軍手の指先を切る。

2 わたを入れてとじる。

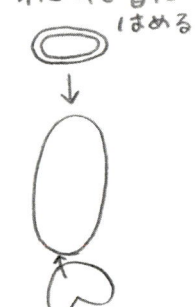
3 足のフェルトをボンドでつけ、カラーわゴムをはめて首にする。

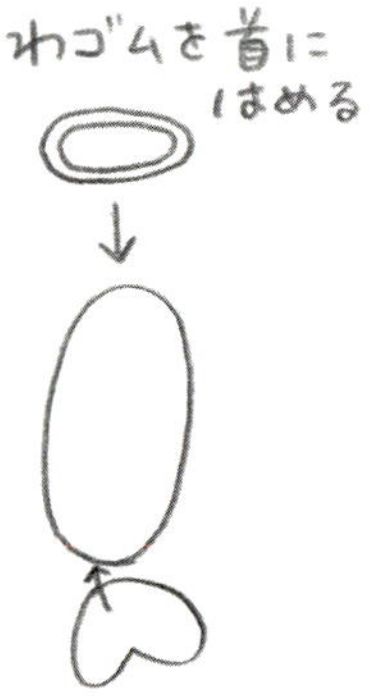

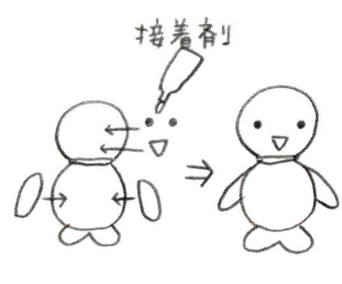
4 目玉ボタンは接着剤で、くちばし、羽根を手芸用ボンド(以降ボンドと表記)でつける。

いもむしくん

作品 → 04ページ

材料(基本)
ヘアバンド1本(2～3匹作れます)、わた適量、目玉ボタン8mm2こ

1 ヘアバンドを半分に切る。

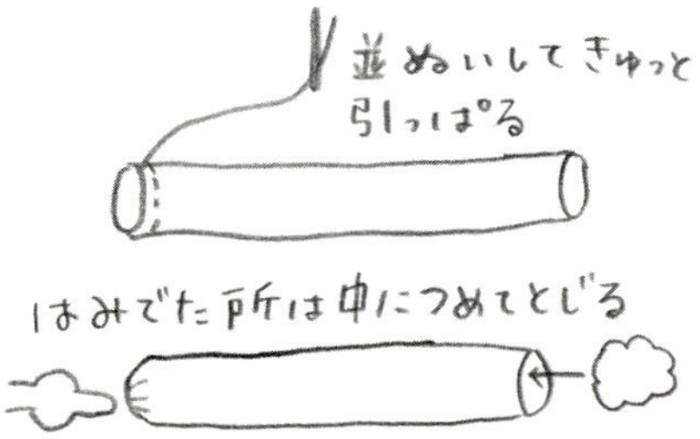

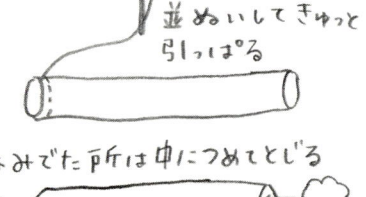
2 片方の輪をとじて、わたをつめる。

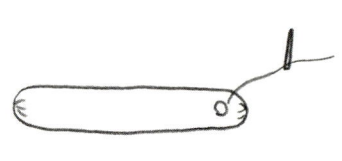
3 もう片方もとじたら、目玉ボタンをぬいつける。

いろいろな いもむしくん

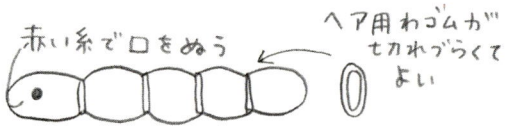
長めに作って、ボディにわゴムをはめる。

ヘア用わゴムがきれづらくてよい

わたと一緒に文具店で売っているほねほねくん®のほねの部分だけを、ボディに入れて、同じように作る。

こんな形もつくれるよ!

ボンテンや動眼をつけてもかわいい。

にぎにぎあかちゃん

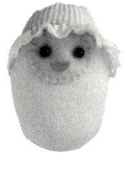

作品→**05**ページ
型紙→**21**ページ

材料
（あかちゃん）あかちゃん用くつした1枚、フェルト[肌色]5cm×5cm[ピンク]適宜、わた適量、目玉ボタン[黒]6mm2こ、鳴き笛
（ねずみ）女性用くつした1枚、フェルト[灰色]4cm×4cm、リボン4mm幅40cm、ししゅう糸[赤]30cm、綿ロープ[灰色]5mm太さ20cm、わた適量、目玉ボタン[黒]8mm2こ、鳴き笛
（うさぎ）女性用くつした1枚、フェルト[淡いピンク]5cm×6cm、[濃いピンク]4cm×4cm、リボン4mm幅40cm、ししゅう糸[赤]30cm、わた適量、目玉ボタン[赤]8mm2こ、鳴き笛

● あかちゃん

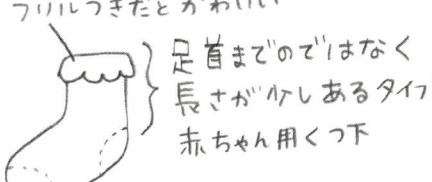  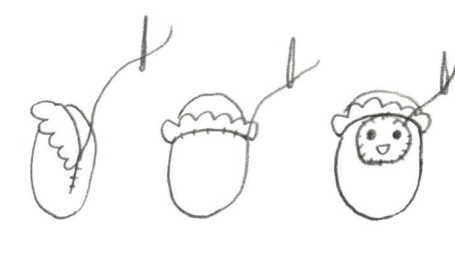

1 あかちゃん用くつしたにわたと鳴き笛を入れる。（足首には入れない）

2 上部（はき口）を足先にかぶせる。

3 空いているところを閉じる。

4 顔のパーツをめいつける。

● ねずみ

1 女性用くつしたにわたと鳴き笛を入れる。（足首には入れない）

2 上部（はき口）を足先にかぶせる。

3 あいているところを閉じて、首にリボンを結ぶ。

4 フェルトの耳と、綿ロープのしっぽをぬいつける。目玉ボタンをつけ、ししゅう糸で鼻と口をつくる。

● うさぎ

1 女性用くつしたにわたと鳴き笛を入れる。（足首には入れない）

2 上部（はき口）を足先にかぶせる。

3 あいているところを閉じて、首にリボンを結ぶ。

4 フェルトの耳をぬいつける。目玉ボタンをつけ、ししゅう糸で鼻と口をつくる。

ふわふわ わなげ

材料（1こ分）
ヘアバンド*1本、わた適量

作品→**05**ページ

 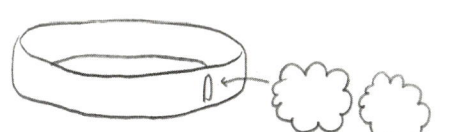 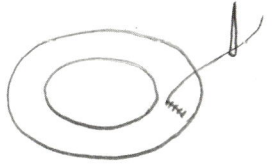

1 ヘアバンドの1か所に切り込みを入れて、わたをつめる。

2 均等にふっくらつめたら、切り込み部分をとじる。

ミトンのにわとり

作品 → 06ページ
型紙 → 21ページ

材料
ミトン*1枚、フェルト[黄]20cm×10cm [白]10cm×6cm [オレンジ]1cm×3cm [赤]2cm×5cm、フェルト丸シール[黒]5mm6こ、7mm2こ、マジックテープⓇ2.5cm幅8cm、マジックテープⓇ丸型4こ

1 ミトンにトサカ、目、くちばしをボンドでつける。

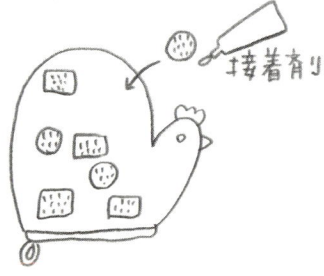

2 マジックテープⓇを、接着剤でミトンにつける。

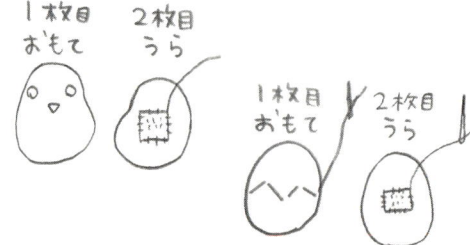

3 ひよこ1羽につきフェルトを2枚切る。1枚に顔のパーツをつける。もう1枚にマジックテープⓇをぬいつけ、それぞれボンドではりあわせる。たまごも同様に。

でっかいぞう

作品 → 07ページ
型紙 → 21ページ

材料
両手用のなべつかみ*1枚、フェルト[水色]30cm×8.5cm [ピンク]10cm×20cm [白]8cm×8cm、動眼直径3cm2こ、綿ロープ[水色]5mm太さ40cm

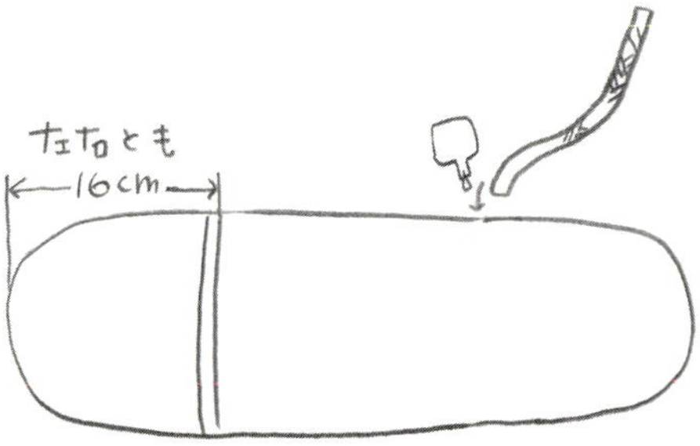

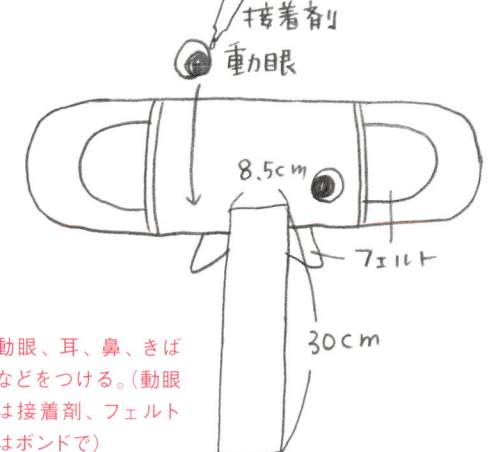

1 両手用のなべつかみの、手を入れるポケットの部分を耳に見立て、おもて側(ポケットのない側)に綿ロープをボンドでつける。

2 動眼、耳、鼻、きばなどをつける。(動眼は接着剤、フェルトはボンドで)

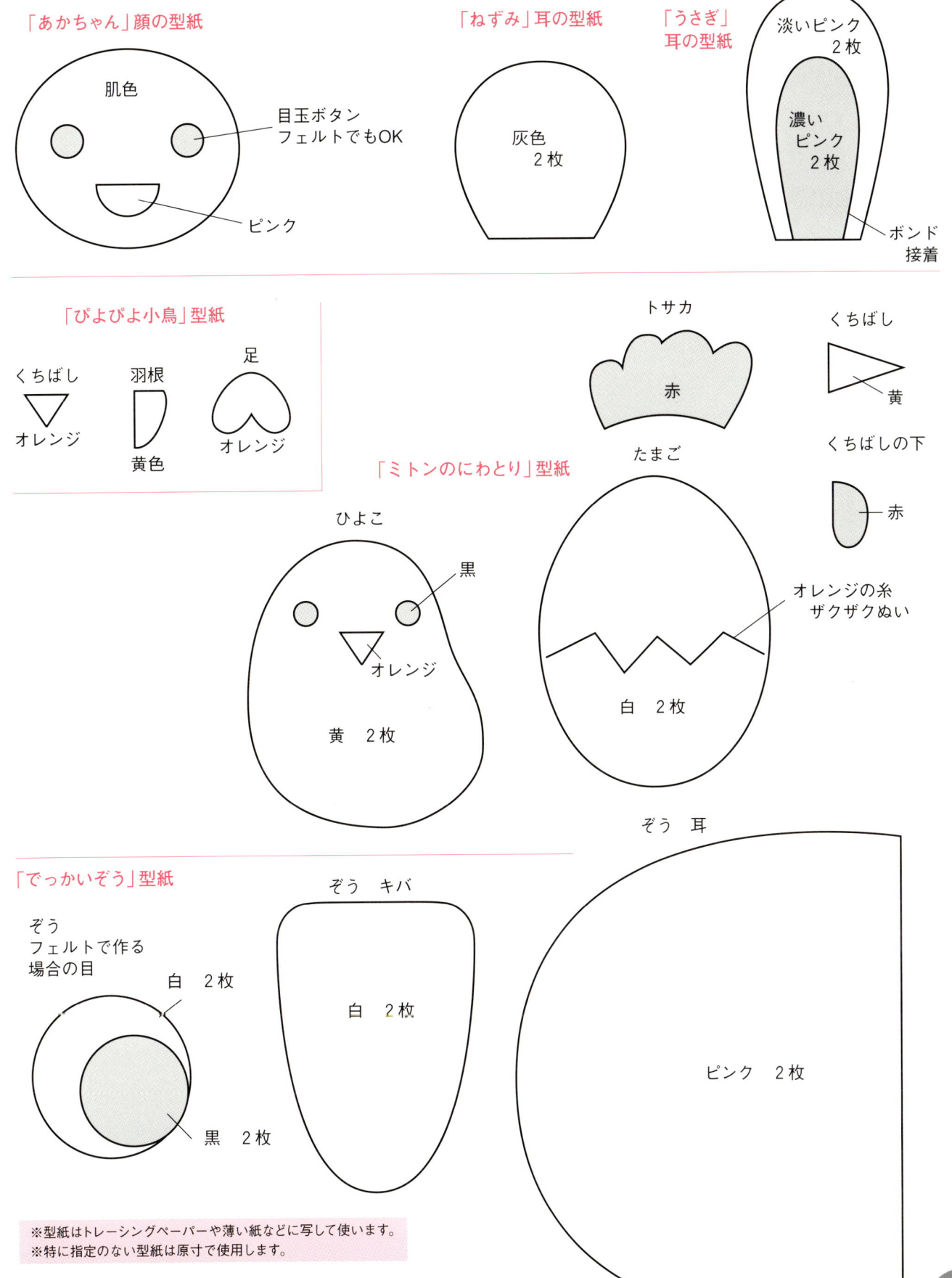

いろんな かおが いっぱい

作品 ➡ 08ページ
型紙 ➡ 23ページ

材料
フェルト（土台）[黄緑・赤・水色・オレンジ] 20cm×20cm各1枚、（顔用）[肌色] 20cm×20cm4枚、[黒] 12cm×8cm [赤] 20cm×10cm [水色] 2cm×3cm

1 フェルトで顔のパーツを切って、それぞれボンドでつける。

2 4種類の顔を、それぞれ土台のフェルトにボンドでつける。

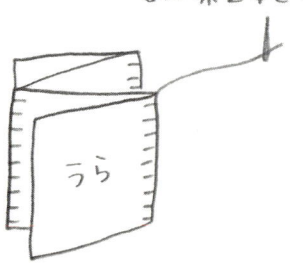

3 4枚のフェルトを、じゃばらになるように、ブランケットステッチでぬいあわせる。

いもむしくんの おさんぽ

作品 ➡ 10ページ
型紙 ➡ 24,25ページ

材料
（いもむし）ヘアバンド½本、わた適量、目玉ボタン8mm2こ、フェルト（土台）[クリーム色・淡いピンク・黄緑・水色] 20cm×20cm各1枚、（背景）[黄緑・赤・黄] 20cm×20cm各1枚 [濃いピンク] 6cm×6cm [緑] 20cm×5cm [茶] 15cm×4cm [白] 2cm×4cm、ヘアゴム（くしゅくしゅリボン）3こ

いもむしの作り方は18ページを見てね。

1 はっぱ、りんごのパーツを切って土台のフェルトにボンドでつける。直径3cmくらいの穴をあける。

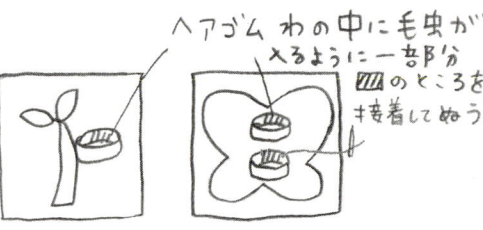

2 枝、ちょうちょのパーツを切って土台のフェルトにボンドでつける。布でできたヘアゴムを接着剤でつける。糸でぬって補強すると丈夫になる。

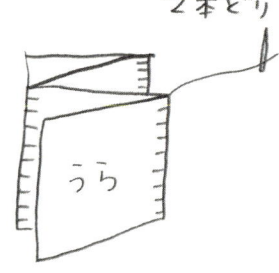

3 4枚のフェルトをじゃばらになるように、ブランケットステッチでぬいあわせる。

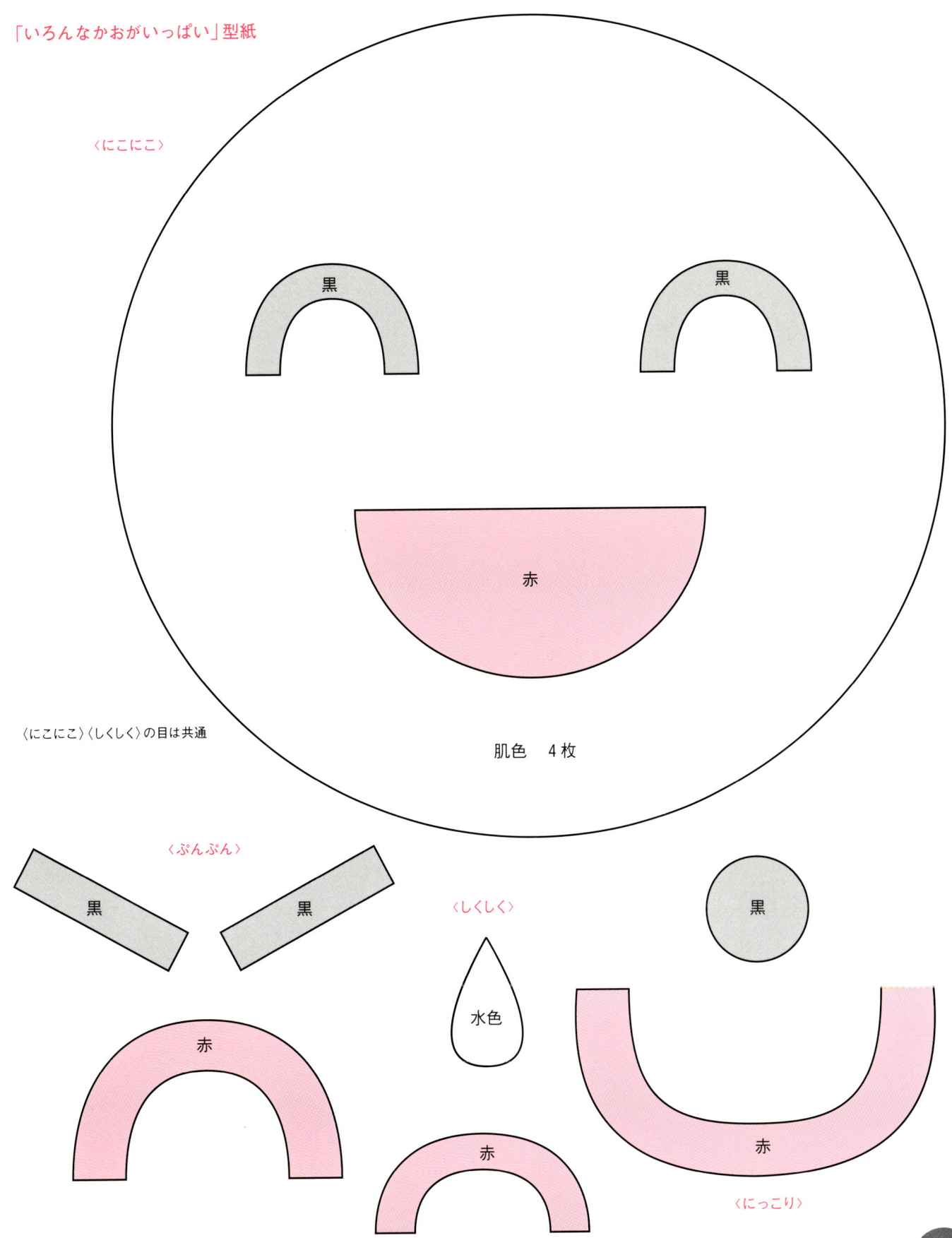

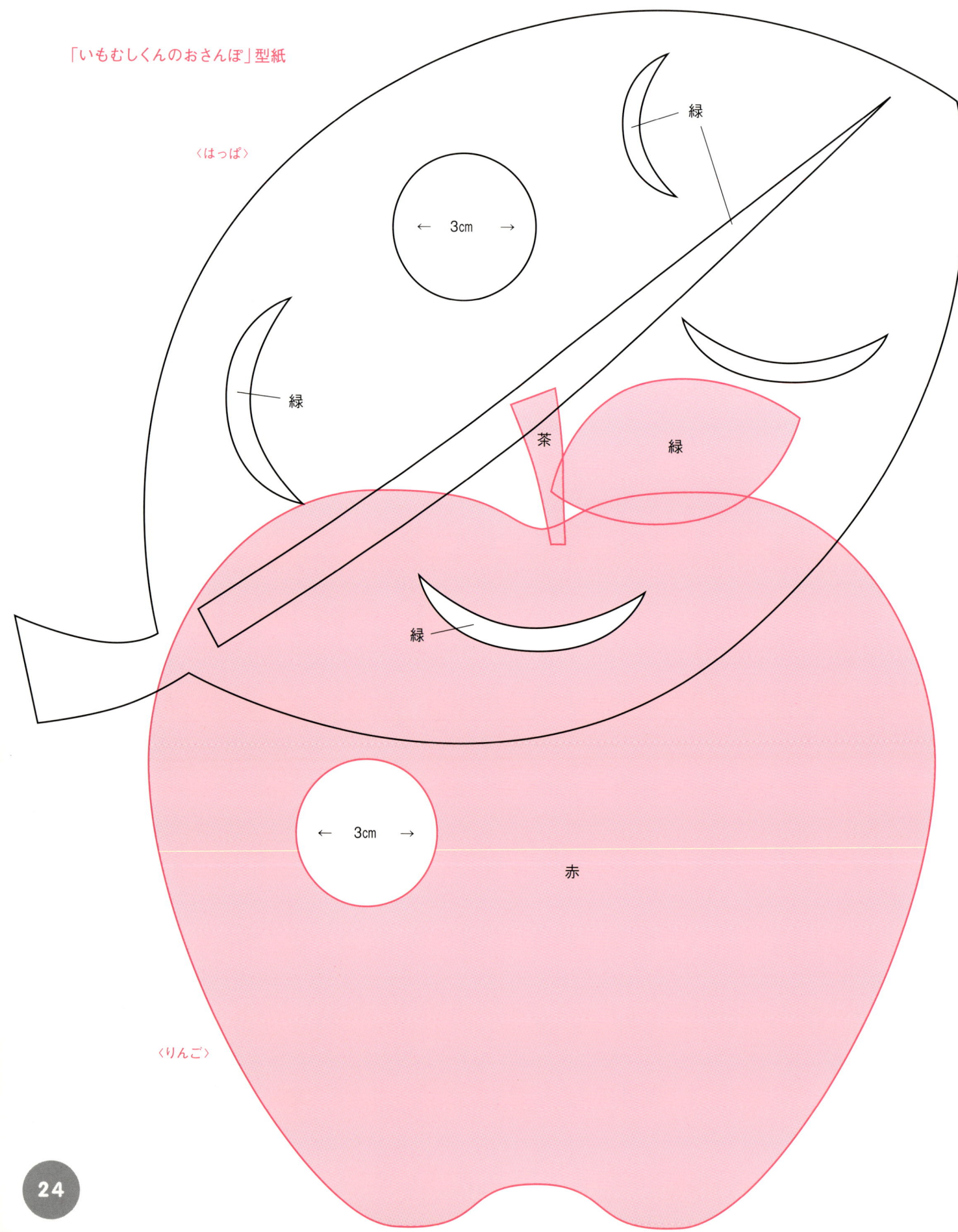

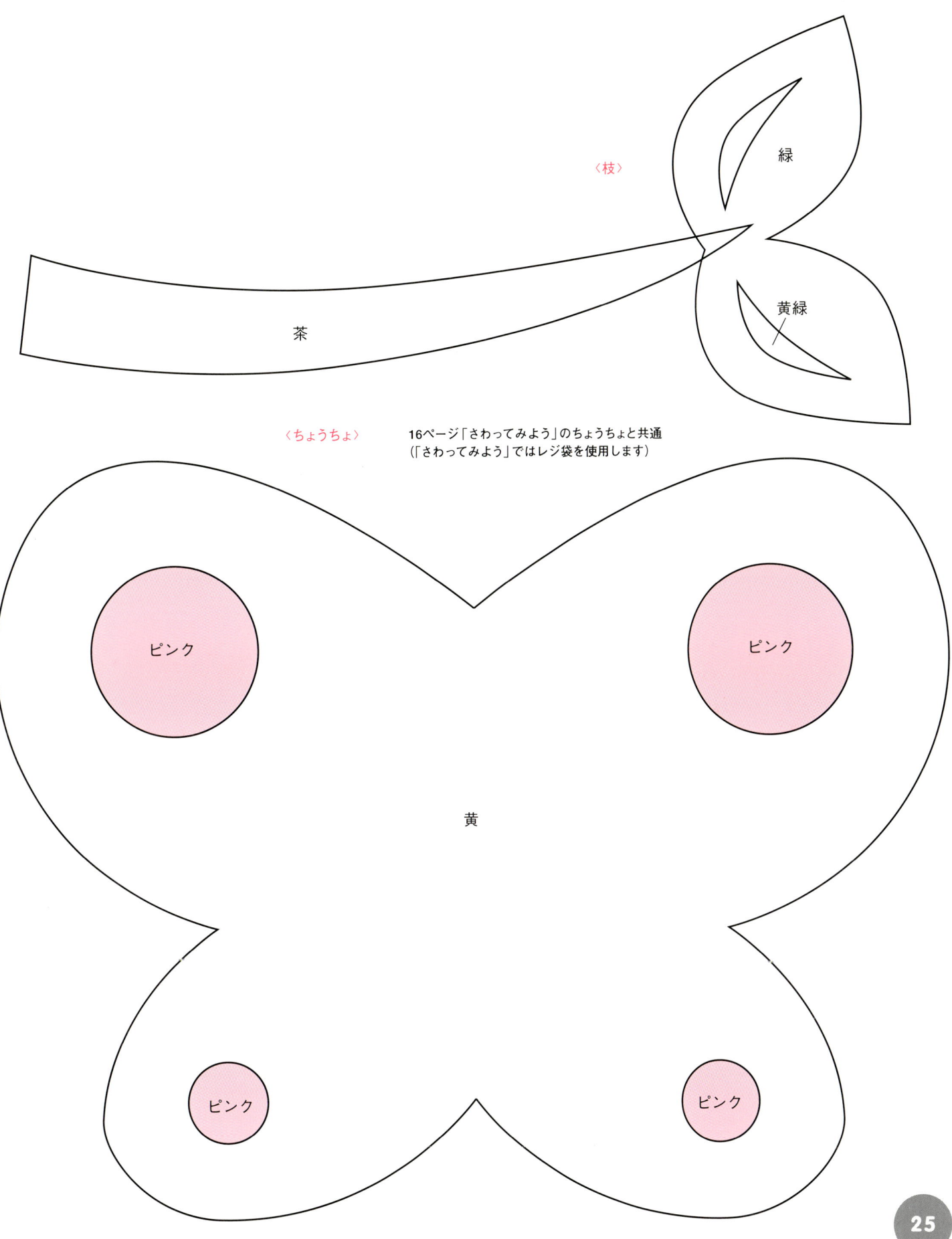

これ、なあに？

作品 ➡ 12ページ
型紙 ➡ 27ページ

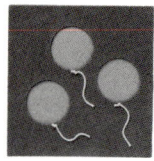  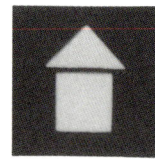 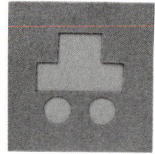

材料
フェルト（土台）［赤・青・黄・水色・濃いピンク・淡いピンク・オレンジ・黄緑］20cm×20cm各1枚、（はめこみ用）［赤・水色・黄・濃いピンク・淡いピンク・オレンジ・黄緑・紫・ペパミントグリーン・白］適宜、（風船）リリアン用ひも20cm

  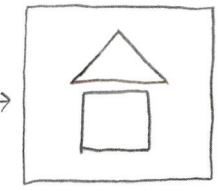 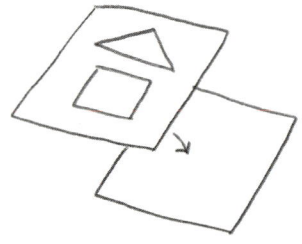 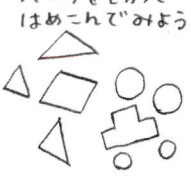

1 家のパーツの型紙をセロハンテープでフェルトにはる。（この型紙は切ってしまうので、いらない紙などに写したものを使う）

2 はさみで切り込みを入れてから、型紙どおりに切りとる。

3 色が違う土台のフェルトにボンドでつける。風船、魚、車も同様に。

4 はめこみ用のパーツを型紙どおりに切る。

なにが でるかな？

作品 ➡ 14ページ
型紙 ➡ 27ページ

材料
フェルト（土台）［クリーム色・オレンジ・濃いピンク］20cm×20cm各1枚、（りんご）［赤］6cm×6cm、（くるま）［青］8cm×5cm、（うさぎ）［淡いピンク］6cm×7cm、（花）［白］8cm×8cm、（その他）［黒・濃いピンク・緑・黄・水色］適宜、リボン1cm幅20cm

  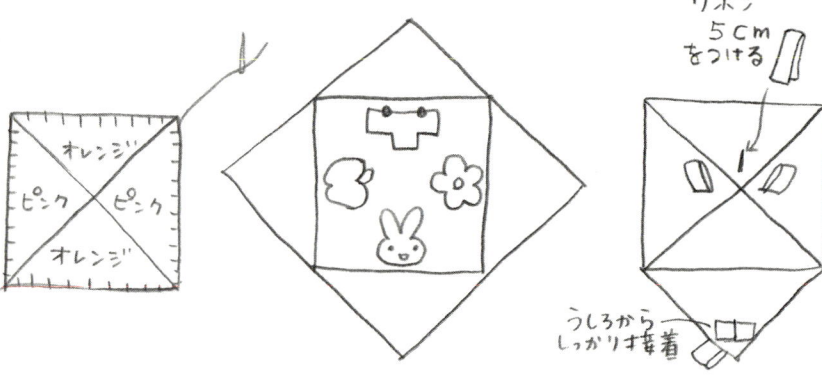

1 ピンクとオレンジのフェルトを三角に半分に切り、さらに三角に切る。それぞれ2枚ずつできる。

2 土台のクリーム色のフェルトに1を交互に重ねて、ふちをブランケットステッチでぐるっとぬう。

3 うさぎ、花、りんご、車それぞれのパーツを、ピンクとオレンジの扉それぞれの下にかくれるようにボンドではる。

4 4枚の扉に切り込みを入れて、4等分したリボンを差し込み、ボンドでつける。

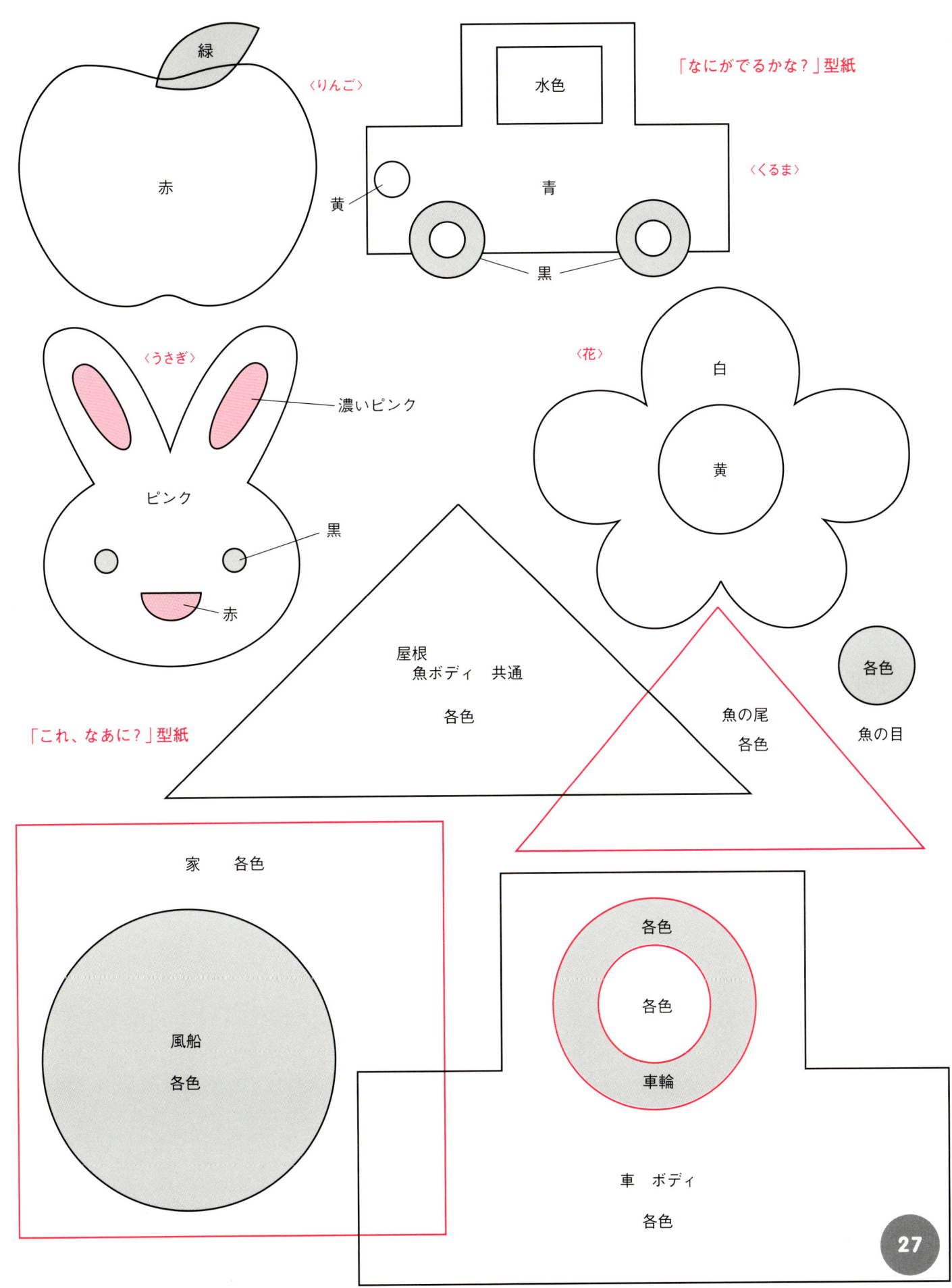

さわってみよう

作品➡16ページ
型紙➡28,29ページ

材料
フェルト（土台）[黄緑・淡いピンク・黄・青] 20cm×20cm各1枚、（犬）[白] 13cm×15cm、（ちょうちょ）[黄] 12cm×4cm [オレンジ] 5cm×4cm、（顔）[肌色] 20cm×20cm [ピンク] 4cm×4cm [黒] 3cm×4cm、フェイクファー7cm×8cm、レジ袋1枚、毛糸1m、ミニタオル20cm×20cm1枚、レース18cm

  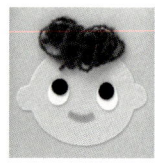 

それぞれのパーツを作って、土台のフェルトにはりましょう。

 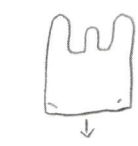 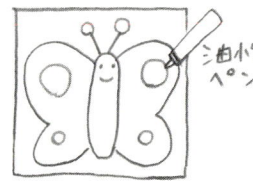 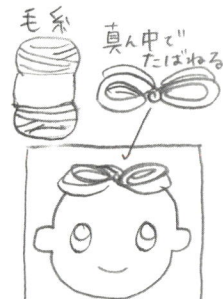 

●**犬**
からだはフェルト、耳としっぽはフェイクファーの生地で切り、接着剤でつける。

●**ちょうちょ**
からだはフェルト、羽根はスーパーでもらうレジ袋を切って接着剤でつける。油性ペンで模様を描く。

●**子ども**
顔をフェルト、髪を毛糸を束ねて作り、接着剤でつける。

●**ふとん**
顔、手をフェルト、ふとんをミニタオルで作り、接着剤でつける。

「さわってみよう」型紙

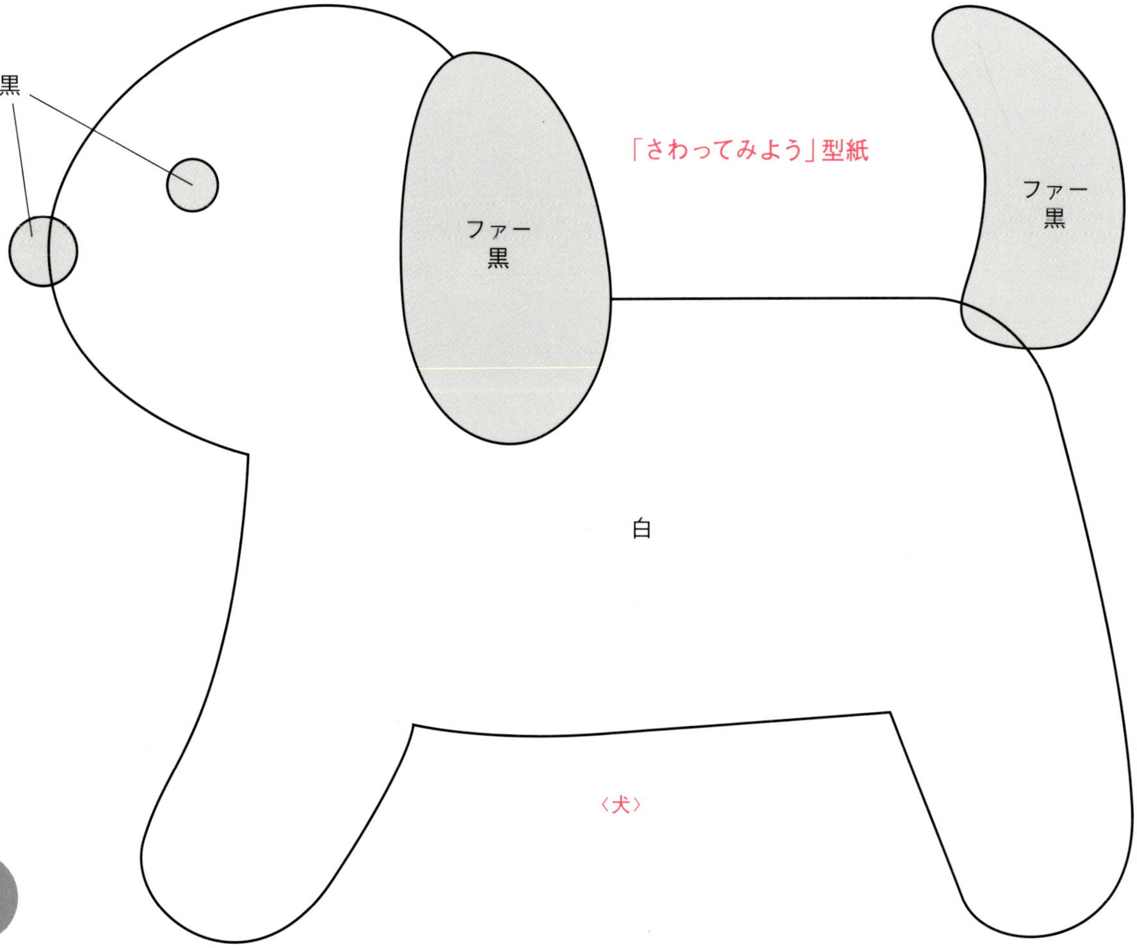

〈犬〉
白 / ファー黒 / 黒

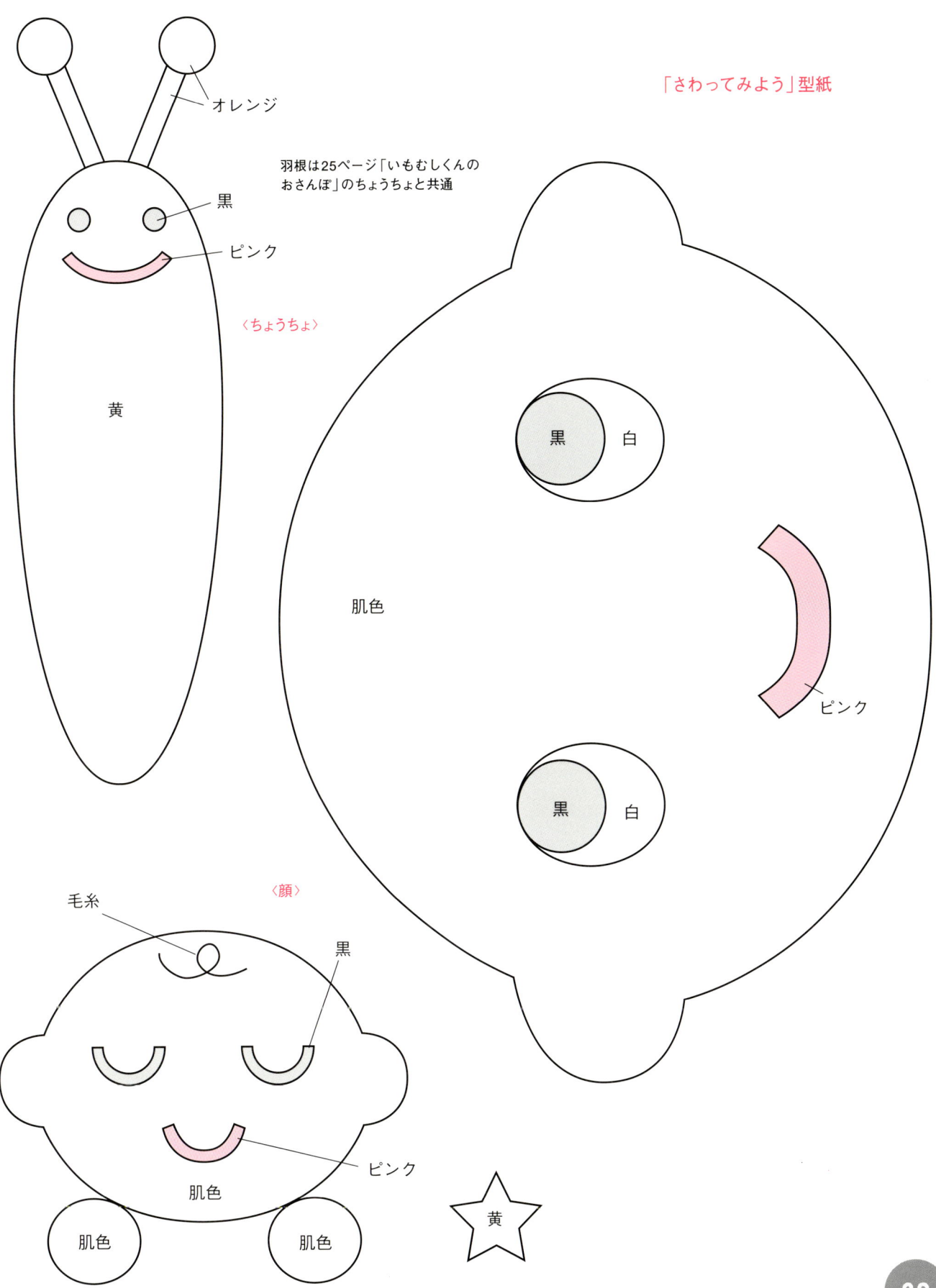

トコトコ人形

作品→**33**ページ
型紙→**30**ページ

材料（1匹分）
おしぼりタオル（薄いもの）38cm×30cm（サイズは目安です）1枚、目玉ボタン8mm2こ、リボン8mm幅40cm、カラーわゴム3本、わたひとにぎり分／フェルト（アヒル）[黄]3cm×2cm、（ペンギン）[白]5cm×4cm、[濃い水色]7cm×6cm、（ひよこ）[黄]3cm×2cm、[犬][赤]4cm×6cm[黒]1cm×1cm、（ぞう）[水色]8cm×4cm

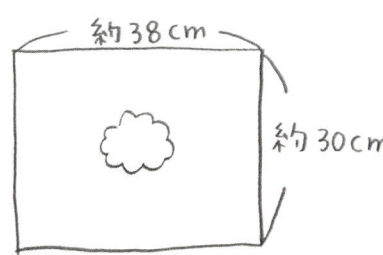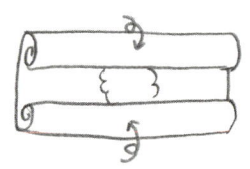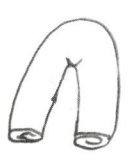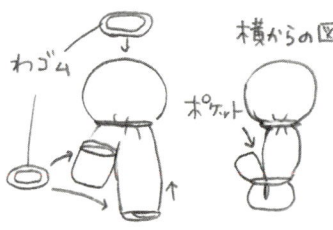

1 タオルの真ん中にひとにぎりくらいのわたを乗せる。

2 両側からくるくる丸めていく。

3 真ん中から折る。

4 上部にわゴムをはめて首にする。タオルの両端を折って、それぞれわゴムをはめる。ここが、指を入れるポケットになる。

5 目玉ボタン、くちばしをぬいつける。首にリボンを結ぶ。鈴をつけてもいい。

「トコトコ人形」型紙

〈ひよこ〉〈アヒル〉　　〈犬〉

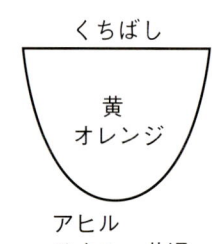

くちばし　黄　オレンジ
アヒル　ひよこ　共通

赤　犬耳　2枚

犬鼻　黒

〈ぞう〉　　〈ペンギン〉

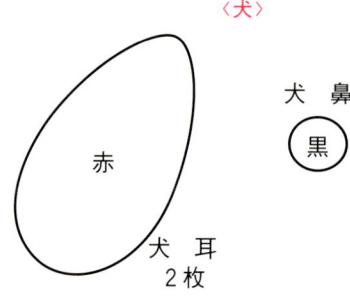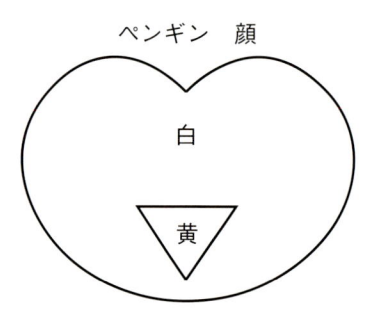

ぞう耳　2枚　水色
ぞう鼻　水色
ペンギン顔　白　黄
ペンギン羽根　水色　2枚

どうぶつ親子

作品→33ページ
型紙→31ページ

材料
(子ども1匹分)ミニタオル20cm×20cm(サイズは目安です)1枚、目玉ボタン6mm2こ、カラーわゴム1本／フェルト(ピンクのアヒル)[濃いピンク]4cm×6cm[オレンジ]3cm×6cm、(黄色のアヒル)[黄]4cm×6cm[オレンジ]3cm×6cm、(ぞう)[水色]12cm×6cm　※目はフェルト丸シールを使ってもOK。
(親1匹分)フェイスタオル70cm×32cm(サイズは目安です)1枚、フェルト丸シール大2こ、カラーわゴム1本／フェルト(ピンクのアヒル)[濃いピンク]8cm×12cm[黄]6cm×12cm、(黄色のアヒル)[黄]8cm×12cm[オレンジ]6cm×12cm、(ぞう)[水色]20cm×20cm

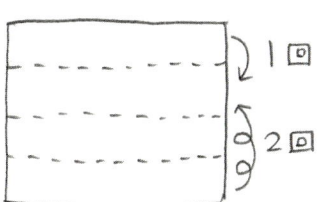

1 タオルを図のように両側から折る。

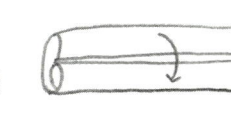

2 さらに折る。

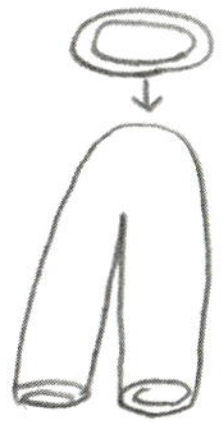

3 真ん中から折り、わゴムをはめる。

4 くちばしをぬい、目、羽根をボンドでつける。

「どうぶつ親子」型紙　※親の型紙は子どもの型紙を200％拡大コピーして使用してください。

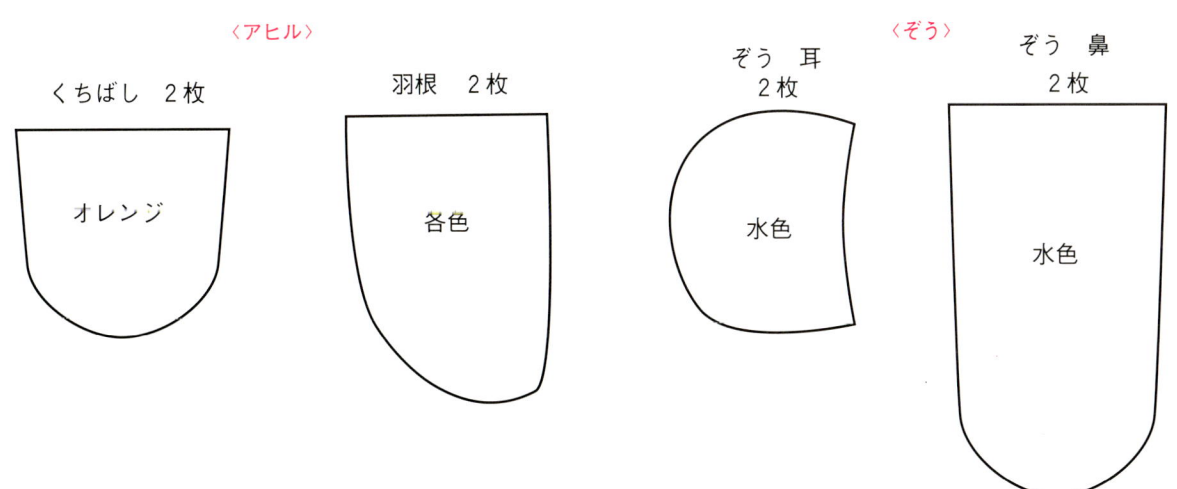

かくれんぼしよう

作品➡34ページ
型紙➡32ページ

材料
(家)おしぼりタオル[チェック柄]34cm×34cm（サイズは目安です）1枚、フェルト[赤・濃い水色・淡いピンク・水色]適宜、リボン1cm幅15cm、(くま)フェルト[紫]12cm×20cm[白]3cm×3cm[茶]1cm×1cm、フェルト丸シール5mm2こ

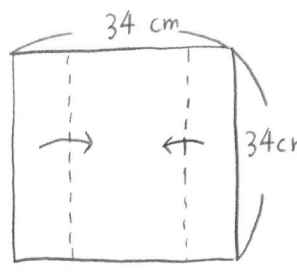
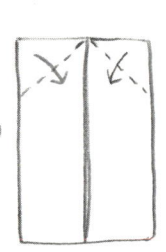
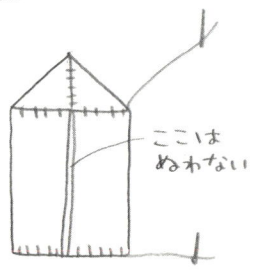
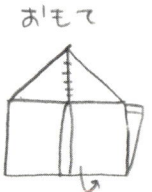
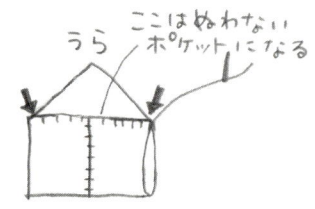

1 タオルを中心に向かって両側から折り、片側を三角に折る。

2 折って、重なったところをまつりぬいする。

3 うしろに半分に折り、矢印のところをしっかりぬう。ポケットになるところはぬわない。うら側は、真ん中のあいているところをぬう。

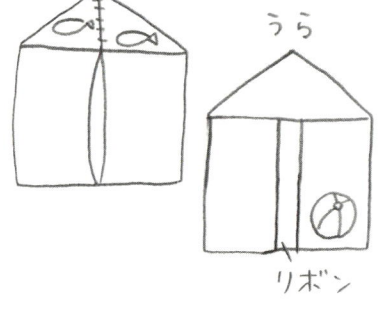
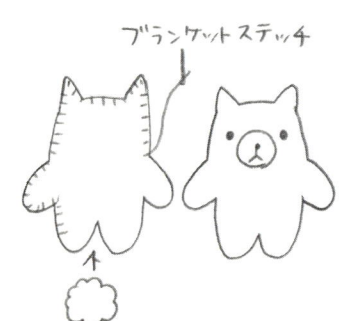

4 おもてとうらにフェルトの飾りをボンドでつける。

5 くまは、わたを入れて、まわりをブランケットステッチでぬう。口のパーツを作り、目と口をボンドでつける。

「かくれんぼしよう」型紙

〈くま〉

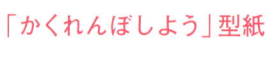

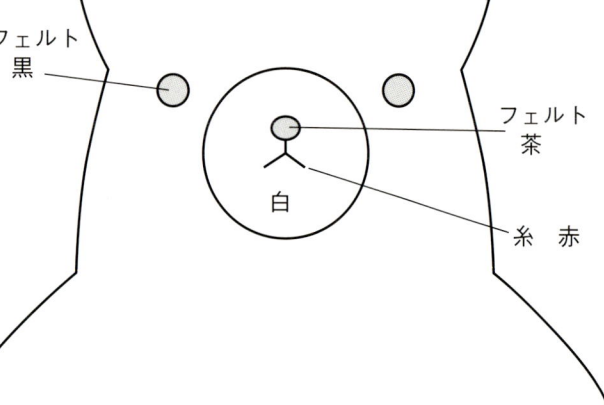
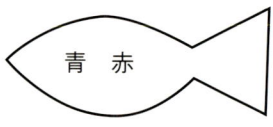
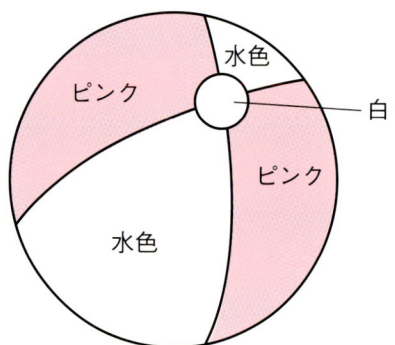

PART2 1枚の布えほんと布おもちゃ

タオルでつくる おともだち

1枚のミニタオルで、こんなにかわいい動物がかんたんにできるんですよ。

トコトコ人形

0歳〜
作り方➡**30**ページ

ミニタオルと輪ゴム3本があれば、あっというまにできあがり。お出かけしたとき、乗物の中などで飽きさせないために、「何ができるかな？」と子どもに作り方を見せながら話しかけましょう。指を入れてトコトコ歩かせると大喜びです。

どうぶつ親子

0歳〜
作り方➡**31**ページ

作り方は同じですが、タオルの大きさを変えるとこんなふうに動物の親子が作れるのです。小さいほうは、指人形になりますから、動かしながら歌を歌ってあげたり話しかけてあげたりするといいでしょう。

かくれんぼしよう

かくれているものをさがすのは、わくわくします。
どこにかくれているの？ 何が出てくるの？

0歳〜
作り方 ➡ **32**ページ

ミニタオルを折って作った家で、フェルトのくまさんがかくれんぼ。表と裏で出し入れする場所が違うので、変化に富んだ「いない いない ばあ」ができます。

ミニタオルのおうち（表）

ミニタオルのおうち（裏）

あれれ、だれかかくれているよ

ばあ、くまさんだ

こんどは、こっちから…

こんにちは！

かくれんぼしよう。
いないいない…

ばああ

ぼくたち、森のなかよし！

だれが すんでるの？

タオルで作った森のマンションに、
どんな動物が住んでいるのでしょう？

なかよく、くらしているよ

1歳〜
作り方→**50**ページ

長めのタオルを折りたたんで6つポケットを作り、動物のおうちに見立てます。フェルトで作る動物は、表は起きている顔、裏は寝ている顔にすれば、お話が作りやすいですね。動物それぞれの鳴き声遊びもできます。

夜になったから、ねむろうね

あれれ？　だれかおきてるよ。おきているのは、だあれ？

37

おばけハウス

おばけは怖いけど、子どもはみんな大好き。
そんなおばけたちのかくれんぼえほんです。

おいらたち、おばけのきょうだいさ

どこにかくれていいるか、あててみな

1歳〜

作り方 → 52ページ

タオルの家に、フェルトのドアをざくざくぬいつけて、おばけたちを隠します。ドアをめくると、ほら、どんなおばけが出てくるでしょう？ 単純ですが、子どもたちがわくわくする1枚の布えほんです。

やあ、みつかっちゃった

とびらを、ぺろん

39

わたし、うさこ。
このおうちにすんでるの

おうちのなかは、
こんなふうに
なっているのよ

うさこの いちにち

かわいらしいうさぎちゃん、タオルのおうちで何をしているのかな？

おふろにはいって、
きれいにしましょ

きょうのごはんは、オムライスよ
いただきまーす

2歳～
作り方 ➡ 54ページ

子どもが、フェルトのうさぎを自分に見立てて遊べる、生活えほんです。「いただきます」「ごちそうさま」「おやすみなさい」などのことばを覚えるにもいい機会ですね。「何をしているのかな？」と、子どもに語りかけることが基本です。

ねむくなったから、もうねむります。おやすみなさい

海はひろいな、おおきいな

海の中になにがいる？

お魚が泳いでいる海の中をのぞいてみましょう。
つけたり、とったり、おもしろいね。

1歳〜

作り方→**56**ページ

マジックテープ®を泡に見立てて、布をはったボードにモールでとめます。海の生きものをフェルトで作り、くっつけて遊びましょう。だんだん指先がじょうずに使えるようになりますよ。

おさかなが、3びき！

たこさん、かにさん、ほたてとさめもやってきた

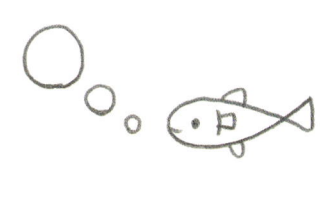

海の中では、みんななかよし！

43

森の中のおうち

友だちがたくさん住んでいる楽しい森の中のおうち。
カードを変えれば、クリスマスツリーにも。

2歳〜
作り方 ➡ 58ページ

布をはったボードにボタンをつけて、とってつきの動物カードをとりはずしできるようにします。裏返すと、眠った動物が。全員眠らせて「おねんねの木だよ」「だれがいちばん早くおきるかな？」などと語りかけるのもいいですね。

こんなカードを作っても
楽しい

プレゼントの箱を裏返すと…

大好きなキャンディーが入ってた！

森の中をおさんぽ

ぐうぐう

おやつをたべよう

どんなゆめを
みてるの？

45

きせかえほん

ぶた、くま、ねこ、うさぎが次々と洋服をとりかえちゃう！　楽しい変身えほんです。

こぶたちゃん、
スカートはいてどこいくの？

1歳〜
作り方→**60**ページ

顔、からだ、足と3枚に分けて切り込みを入れます。それぞれをめくることで、動物たちがいろいろな洋服にきがえる「きせかえほん」は、組み合わせの楽しさを与えてくれます。スカートがズボンになるだけで、ほら、ずいぶん印象が変わるでしょう。

ねこのおひめさま、
ロングスカートはいかが？

くまのコックさん、きょうは
ズボンの色がちがうね。

うさぎのおじょうさん、
ベストがかっこいいよ。

47

音を出そう

子どもは音が出るおもちゃが大好き。
布おもちゃに鳴き笛を入れれば、想像の世界がさらに広がりますよ。

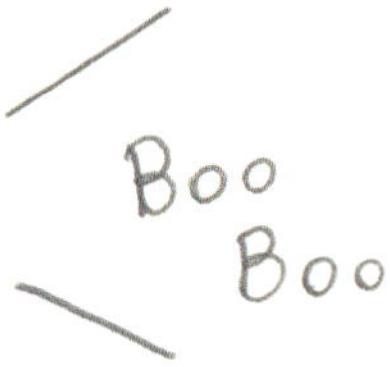

Boo Boo

ぶたさん ブーブー

うんてんごっこ

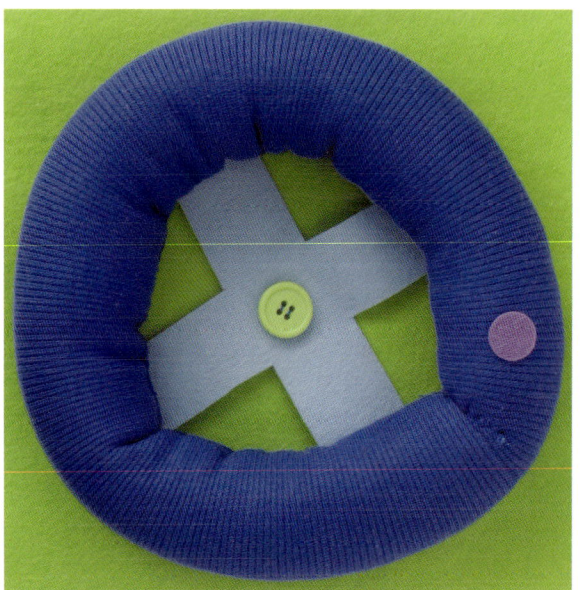

1歳〜

作り方→**49**ページ

ぶたの鼻や自動車のハンドルのクラクションを鳴らす部分に鳴き笛を入れて、指で押すと鳴るようにします。「ぶたさーん」「ぶー（はーい）」、「ブッブー、くるまがとおりますよー」などといっしょにお話をしながら遊ぶことが大切です。

ぶたさん ブーブー

作品→**48**ページ
型紙→**49**ページ

材料
フェルト［クリーム色］20cm×20cm［肌色］16cm×14cm［ピンク］17cm×8cm［淡いピンク］2cm×3cm［青］2cm×2cm、わた適量、鳴き笛1こ

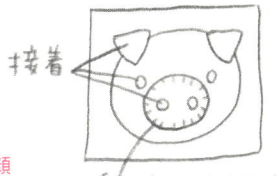

1. 型紙にそってフェルトを切り、顔を作る。目、耳はボンドでつける。
2. 鼻の中にわたと鳴き笛を入れて、まつりぬいする。

※200％拡大コピーして使用してください。

「ぶたさんブーブー」型紙

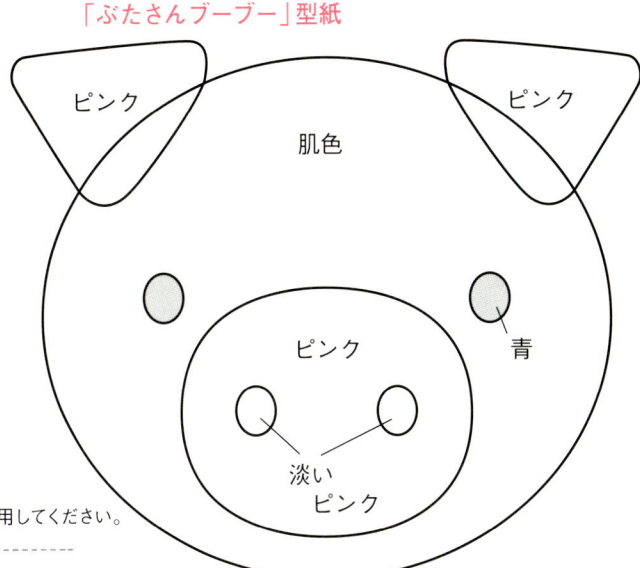

ピンク / 肌色 / ピンク / ピンク / 青 / 淡いピンク

うんてんごっこ

作品→**48**ページ
型紙→**49**ページ

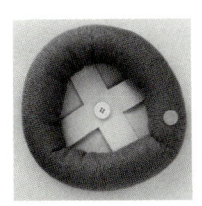

材料
段ボール20cm×20cm、フェルト［黄緑］20cm×20cm［水色］14cm×14cm［紫］1.5cm×1.5cm、ヘアバンド1本、ボタン直径1.8cm1こ、わた適量、鳴き笛1こ

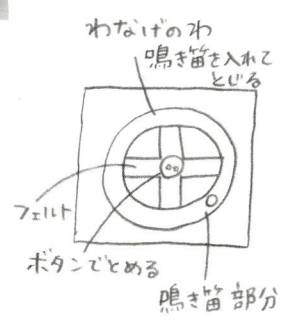

1. ハンドルは20ページのわなげのわと同じように作る。1か所に鳴き笛を入れて、そこに目印のフェルトをボンドでつける。
2. 土台のフェルトに十字のフェルトをボンドでつけ、まん中にボタンをぬいつける。その上にハンドルをおいて糸でぬいつける。
3. 2を段ボールに接着剤でつける。

「うんてんごっこ」型紙

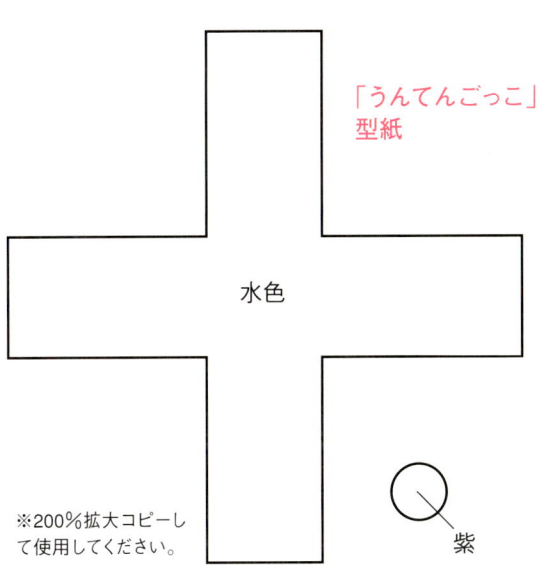

水色 / 紫

※200％拡大コピーして使用してください。

「きせかえほん」型紙 （作り方は60ページ）
〈うさぎ〉

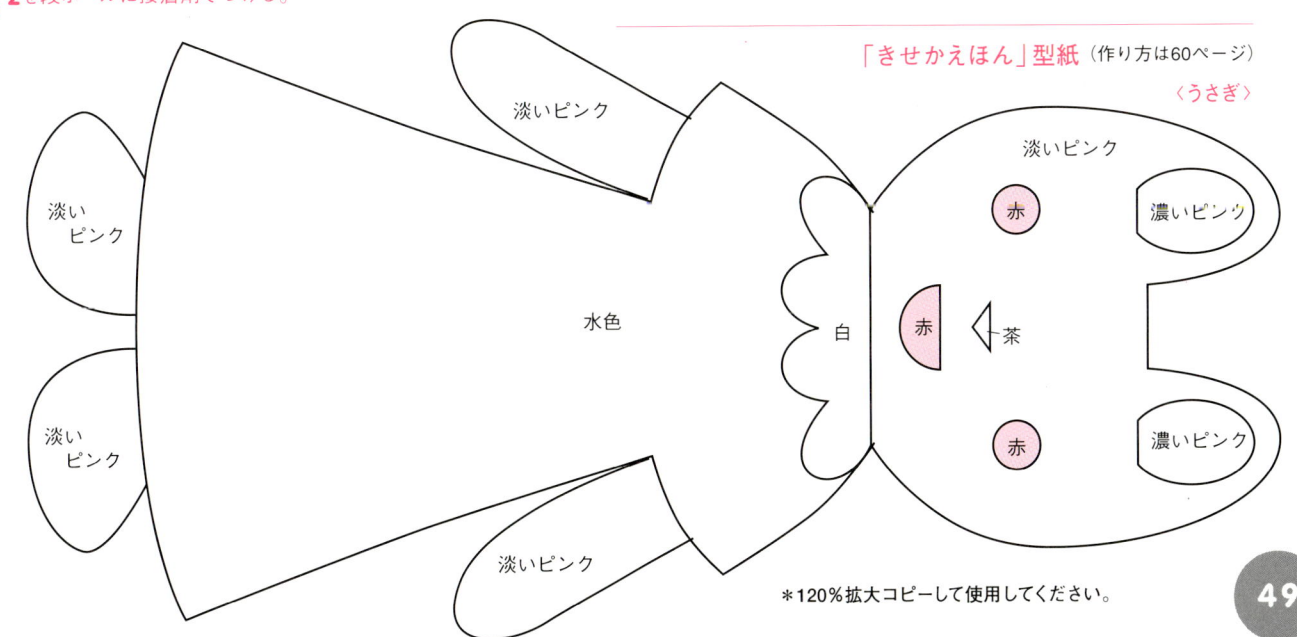

淡いピンク / 水色 / 白 / 赤 / 茶 / 濃いピンク

＊120％拡大コピーして使用してください。

だれが すんでるの？

作品→36ページ
型紙→50,51ページ

材料
フェイスタオル［ピンク］86㎝×35㎝（サイズは目安です）1枚、フェルト（さる）［オレンジ］、（犬）［黄］、（うさぎ）［濃いピンク］、（くま）［茶色］、（ねこ）［紫］、（カエル）［黄緑］20㎝×20㎝各1枚、（森）［黄緑］10㎝×10㎝、（その他）［肌色・クリーム色・白・黒・赤・茶色・緑・青・濃いピンク・淡いピンク］適宜、リボン1㎝幅50㎝

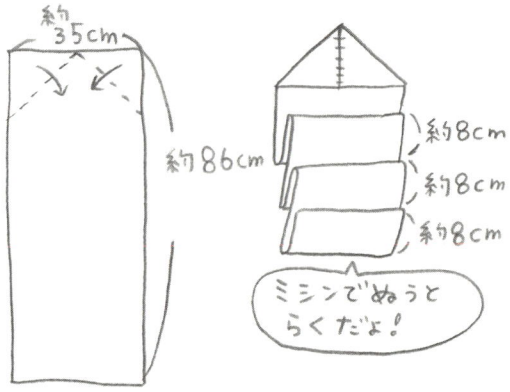

約35cm
約86cm
約8cm
約8cm
約8cm

ミシンでぬうとらくだよ！

1 タオルを図のように折って、まち針でとめて両端をぬう。

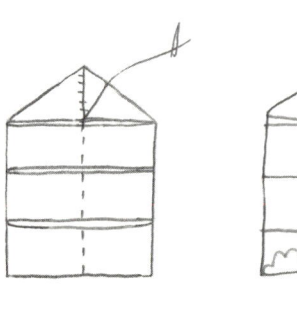

2 中心もぬう。

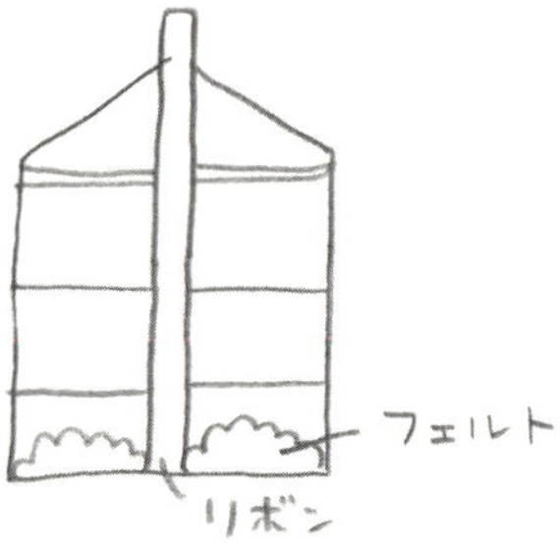

3 中心のぬったところにリボンをボンドではり、フェルトを切った森をつける。

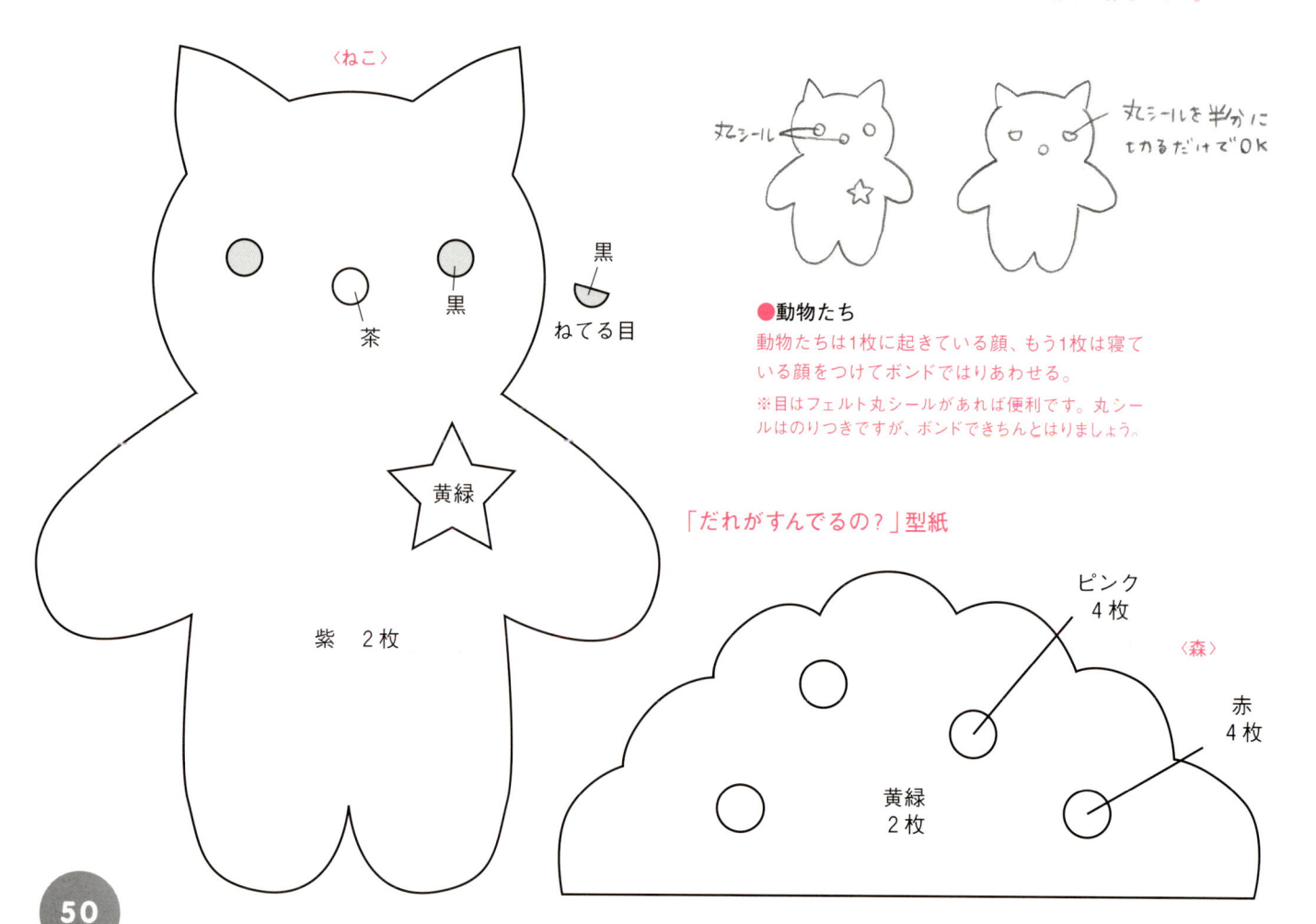

フェルト
リボン

〈ねこ〉

黒
茶
黒
ねてる目

丸シール
丸シールを半分に切るだけでOK

●動物たち
動物たちは1枚に起きている顔、もう1枚は寝ている顔をつけてボンドではりあわせる。
※目はフェルト丸シールがあれば便利です。丸シールはのりつきですが、ボンドできちんとはりましょう。

黄緑
紫 2枚

「だれがすんでるの？」型紙

〈森〉
ピンク 4枚
赤 4枚
黄緑 2枚

〈くま〉
黒
茶
白
黒　ねてる目
黒　ねてる目
黒
茶
クリーム
肌色
ピンク
くま=茶色
2枚

〈かえる〉
カエル=黄緑
2枚

〈さる〉
肌色
黒
茶
黒　ねてる目
濃いピンク
オレンジ
2枚

「だれがすんでるの？」型紙

〈犬〉
青
茶
青
ねてる目
ピンク
黄　2枚

〈うさぎ〉
淡いピンク
濃いピンク
赤
赤　ねてる目
紫
濃いピンク　2枚

51

おばけハウス

作品 → 38ページ
型紙 → 52,53ページ

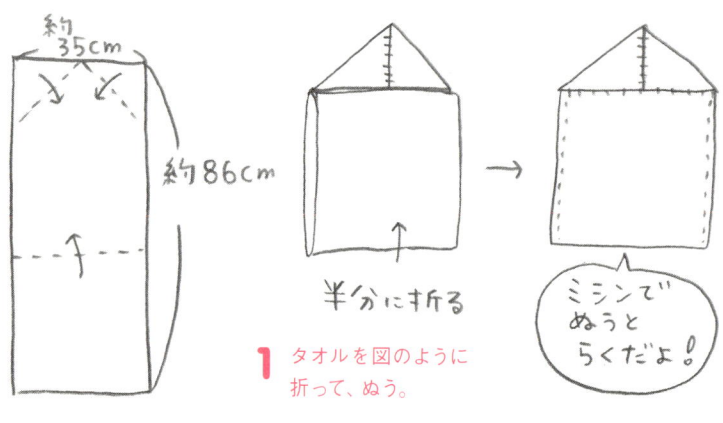

材料
フェイスタオル[緑]86cm×35cm(サイズは目安です)1枚、フェルト(扉)[オレンジ]8cm×11cm[黄色]10cm×9cm[淡いピンク]15cm×8cm[茶色]10cm×10cm、(草)[緑]11cm×9cm、(扉・こうもり)[紫]11cm×15cm(おばけ)[白]20cm×20cm、(きのこ)[赤]4cm×3cm[黄色]1cm×3cm[白]2cm×2cm、(その他)[白・黒・赤・水色・黄]適宜、ししゅう糸[黒]

約35cm
約86cm

ミシンでぬうとらくだよ！

黒糸2本どり 一辺だけをぬう

1 タオルを図のように折って、ぬう。半分に折る。

2 扉はいろいろな形にフェルトを切り、一辺をザクザクぬう。星やきのこをボンドでつける。

3 おばけは型紙どおりにフェルトを切り、顔を作る。

※目はフェルト丸シールがあれば便利です。丸シールはのりつきですが、ボンドできちんとはりましょう。

「おばけハウス」型紙

黄 / 黄 / 各色 / 黒 / 赤 / 白

黄 / 黄 / 黄 / 赤 / 白

顔ちがいバージョン

「おばけハウス」型紙

〈扉〉（例）
他にもいろいろな
形に切りましょう

白

黒
赤

白

黒
赤

黒
赤
紫

白

黒
赤

うさこの いちにち

作品 → 40ページ
型紙 → 54,55ページ

材料
タオル[クリーム色]86cm×35cm（サイズは目安です）1枚、フェルト（うさぎ）[白]12cm×17cm2枚、(ドア)[濃いピンク]11cm×7cm、(窓)5.5cm×4.5cm（おふろ・まくら）[白]20cm×8cm、(テーブル)[濃い茶]14cm×7cm、(いす)[淡い茶]4cm×4cm、(枕・シャワー)[オレンジ]11cm×10cm、(水)[濃い水色]7cm×3cm、(ふとん)[淡いピンク]15cm×15cm [濃い水色]6.5cm×6.5cm [紫]4cm×4cm、(その他)[赤・黄・水色・黄緑・白]適宜、わた適宜、フェルト丸シール7mm2こ、ししゅう糸[赤]、スナップボタン3組、レース8cm、リボン[青]1.5cm幅34cm・[ピンク]1.5cm幅15cm

1 タオルを図のように折って、ぬう。

2 図の位置に、リボンをボンドでつける。

3 テーブル、おふろ、ふとんを、一辺を残してまつりぬいする。

4 フリルやフェルトのアプリケをボンドでつける。図の3か所が、とまるようにスナップボタンをぬいつける。

5 外側になる部分にもドアやまどをボンドでつける。

「うさこのいちにち」型紙　（〈うさこ〉の型紙は94ページです。）

〈窓〉　リボン　水色

お花　ピンク　オレンジ

〈ドア〉　濃いピンク　黄

「うさこのいちにち」型紙

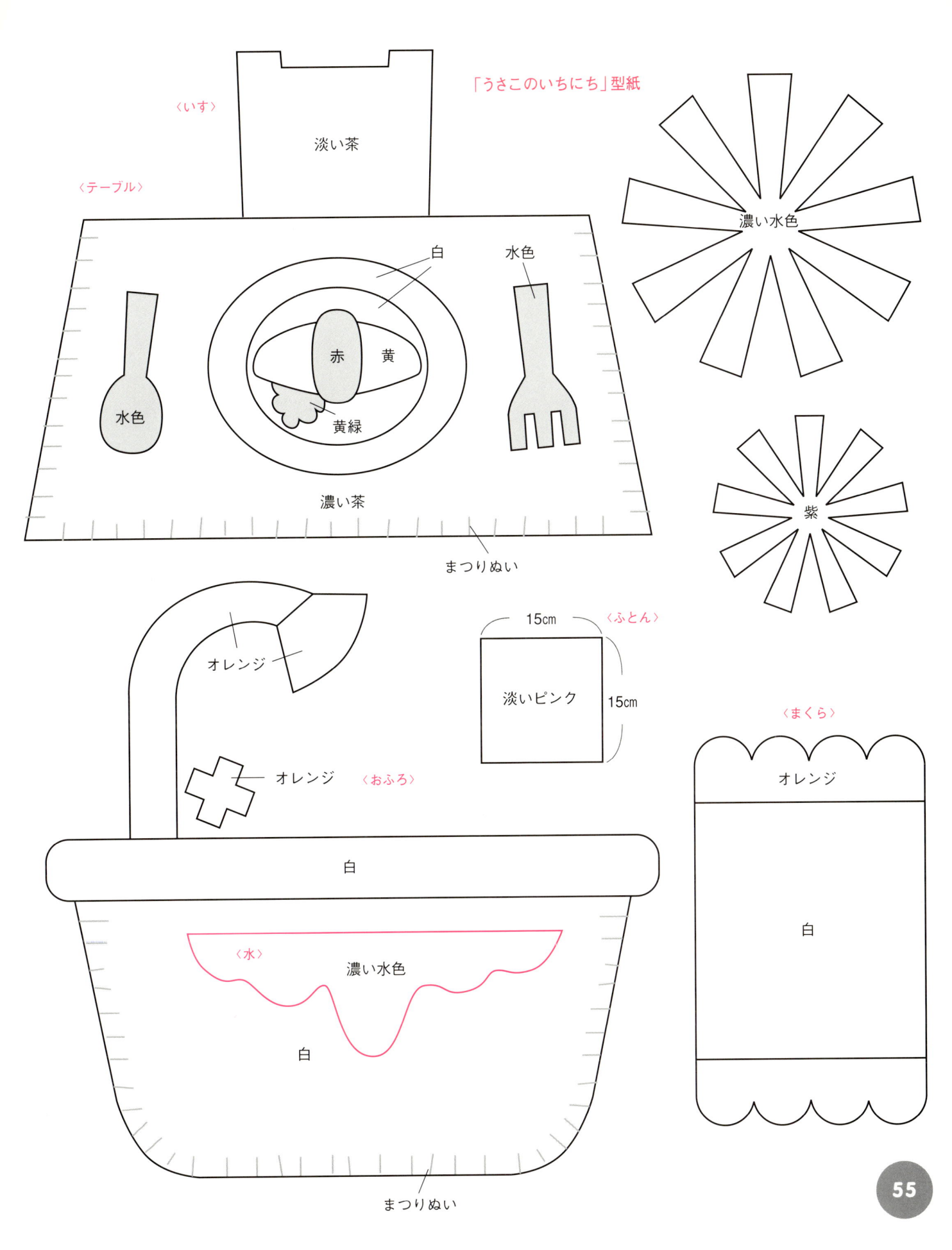

〈いす〉
淡い茶

〈テーブル〉
白
水色
赤　黄
水色
黄緑
濃い茶
まつりぬい

濃い水色

紫

オレンジ
オレンジ 〈おふろ〉

15cm
〈ふとん〉
淡いピンク
15cm

〈まくら〉
オレンジ
白

白
〈水〉
濃い水色
白
まつりぬい

55

海の中になにがいる？

作品 → **42**ページ
型紙 → **57**ページ

材料
段ボール30cm×40cm1枚、布［水色／水玉］35cm×45cm、バイアステープ［水色］2cm幅145cm、フェルト（海）［濃い水色］33cm×30cm、（たこ）［赤］20cm×10cm、（魚）［濃いピンク・黄色・オレンジ］20cm×6cm各1枚、（カニ）［朱色］20cm×7cm、（ホタテ）［淡いピンク］10cm×6cm、（サメ）［エメラルドグリーン］15cm×8cm、（その他）［赤・黄・白・淡い緑・ピンク］適宜、フェルト丸シール5mm5こ・7mm3こ、マジックテープ®（丸型）10組、モール10cm5本

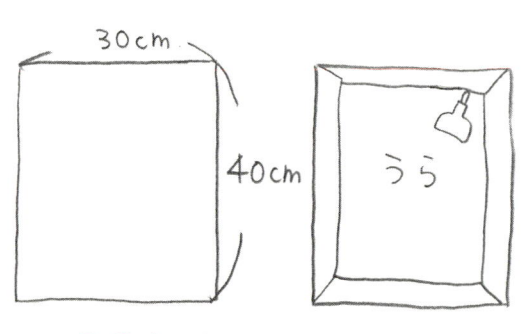

1 段ボールをくるむように布をボンドではる。余った布はうら側ではっておく。

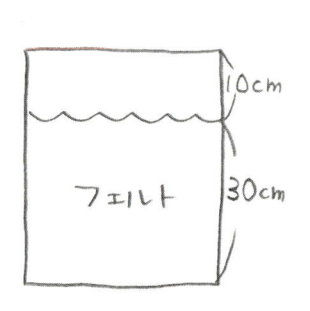

2 コバルトブルーのフェルトをはる。

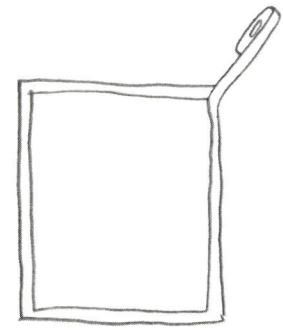

3 土台のふちをバイアステープでくるむようにボンドで一周はる。

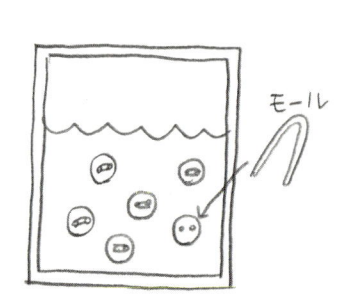

4 丸く切ったマジックテープ®を接着剤ではる。接着剤がかわいたら、目打ちで穴を2つあけて、モールを通して補強する。

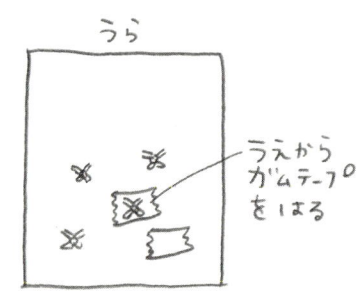

5 モールはうらでしっかりねじりとめる。さらに上からガムテープをはる。

6 雲やヨットのアップリケをつける。

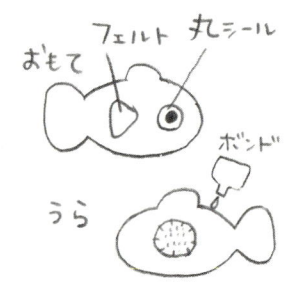

7 魚たちは2枚同じ形に切って、1枚に目やひれをボンドでつけ、もう1枚にマジックテープ®をぬいつけて、ボンドではりあわせる。

「海の中にはなにがいる？」型紙

〈たこ〉
黒
白
赤

〈魚〉
朱色
オレンジ
黒
白

〈カニ〉
白 黒
朱色

〈魚〉
黒
白
黄
オレンジ

〈サメ〉
エメラルドグリーン
淡い緑
黒 白

〈ホタテ〉
淡いピンク
ピンク

〈魚〉
濃いピンク
赤
白
黒

57

森の中のおうち

作品→**44**ページ
型紙→**59**ページ

材料
段ボール30cm×40cm1枚、布[ピンク／水玉]35cm×45cm、バイアステープ[赤]2cm幅145cm、フェルト（森）[濃い緑・緑]20cm×20cm各1枚、（動物カード）[水色・淡いピンク・黄・オレンジ]10cm×12cm各1枚、（動物たち）[濃いピンク・赤・オレンジ・ベージュ]12cm×6cm各1枚、（プレゼントカード）[黄]10cm×12cm、（その他）[淡いピンク・青・黄・赤・緑・茶色・黄緑・オレンジ]適宜、ボタン直径1.8cm20こ、モール10cm20本、綿ロープ5mm太さ8cm×カードの個数、リボン[黄緑]3mm幅10cm

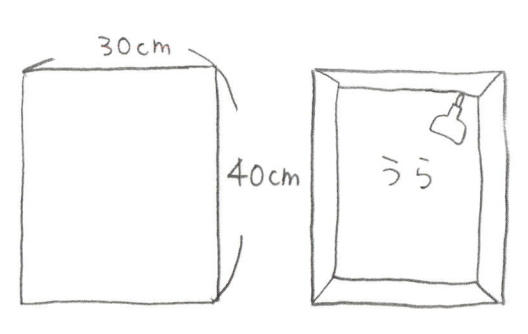

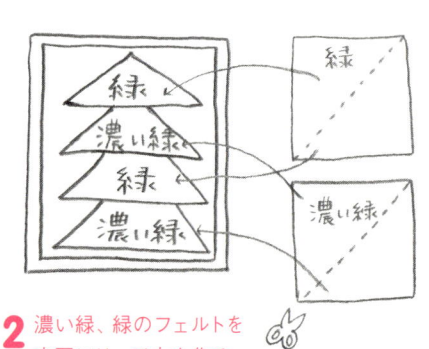

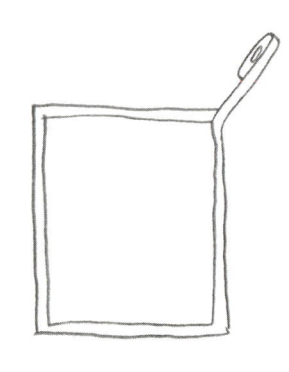

1 段ボールをくるむように布をボンドではる。余った布はうら側ではっておく。

2 濃い緑、緑のフェルトを交互にはって木を作る。

3 土台のふちをバイアステープでくるむようにボンドで一周はる。

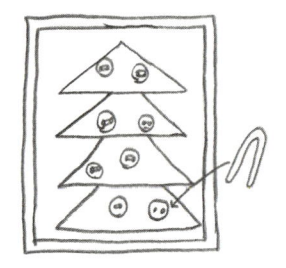

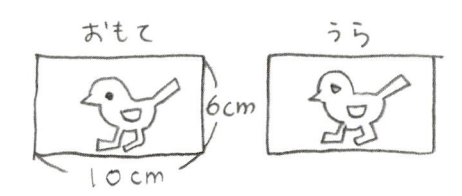

4 ボタンをつけるための穴を目打ちで段ボールにあけ、ボタンにモールを通して土台につける。モールはうらでしっかりねじりとめる。さらに上からガムテープをはる。

5 動物カードには、1枚に起きている動物、もう1枚には寝ている動物をボンドでつける。

6 綿ロープをわにして、2枚のカードにはさみ、ボンドではりあわせる。

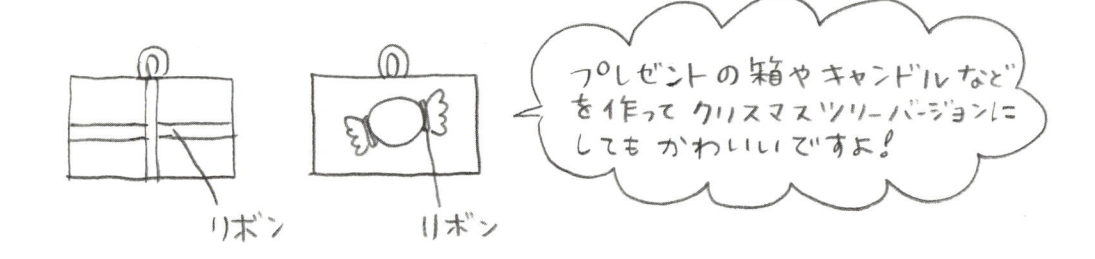

プレゼントの箱やキャンドルなどを作ってクリスマスツリーバージョンにしてもかわいいですよ！

「森の中のおうち」型紙

黄　青
淡いピンク
濃いピンク

緑　肌色
赤
赤

朱　緑
オレンジ
赤

青　黄
淡いピンク
濃いピンク

緑　肌色
赤
赤

木の実
茶

緑　朱
赤
オレンジ

赤　青　白
ベージュ

〈カード〉
各色

赤　青　白
ベージュ

ピンク

59

きせかえほん

作品→46ページ
型紙→49,60,61ページ

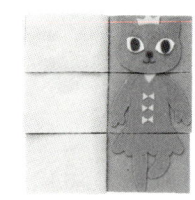

材料
フェルト（土台）[青・黄]20cm×20cm各1枚、（ぶた）[肌色]10cm×10cm[黄緑]12cm×6cm[濃いピンク]10cm×3cm[黄]3cm×3cm[茶色]適宜、フェルト丸シール7mm2こ、（くま）[茶色]8cm×10cm[白]15cm×10cm[朱色]3cm×3cm[肌色]3cm×3cm、フェルト丸シール7mm2こ、（ねこ）[紫]17cm×8cm[オレンジ]9cm×9cm[白・緑・黄・茶色]適宜、（うさぎ）[淡いピンク]13cm×7cm[水色]11cm×8cm[濃いピンク・白・赤・茶色]適宜、ししゅう糸[赤]

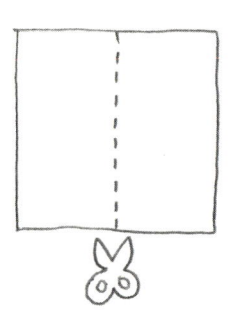

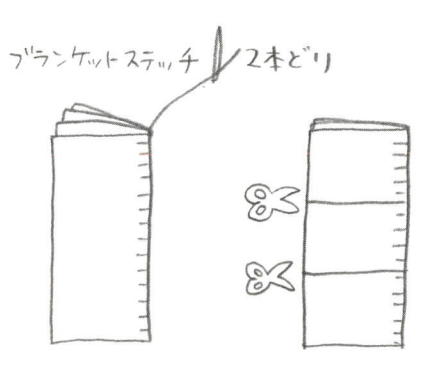

1 土台になるフェルト[青・黄]をそれぞれ半分に切って、同じ大きさのものを4枚作る。

2 4枚にそれぞれ動物のアップリケをボンドでつける。

3 4枚を重ねて、片側のふちをブランケットステッチでぬいあわせる。

4 1枚ずつ、3等分に切る。（4枚目は切らないよう注意）

「きせかえほん」型紙　（〈うさぎ〉の型紙は49ページです。）

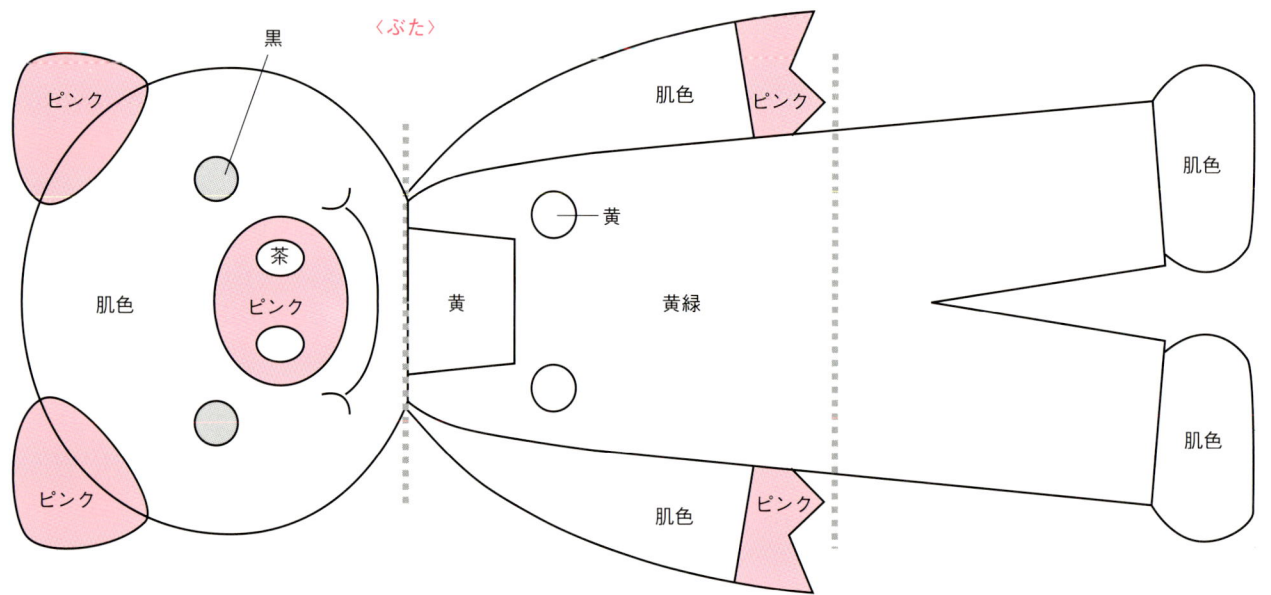

〈ぶた〉

*120%拡大コピーして使用してください。

「きせかえほん」型紙

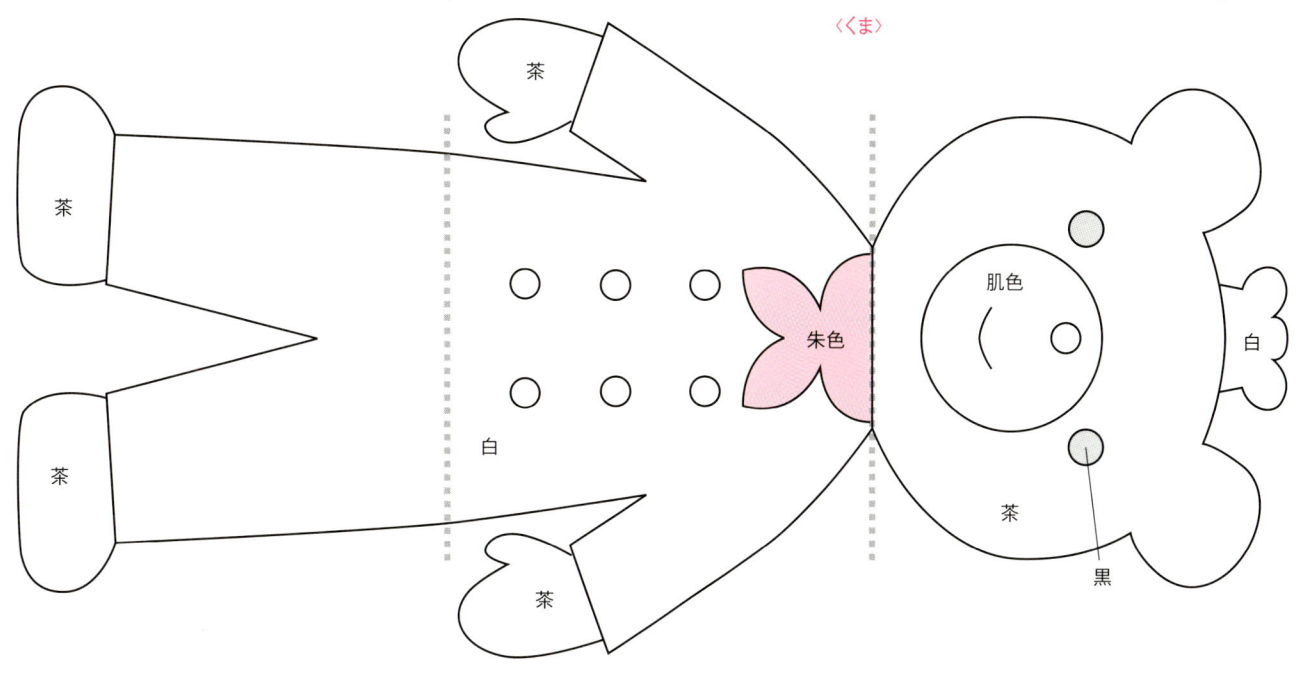

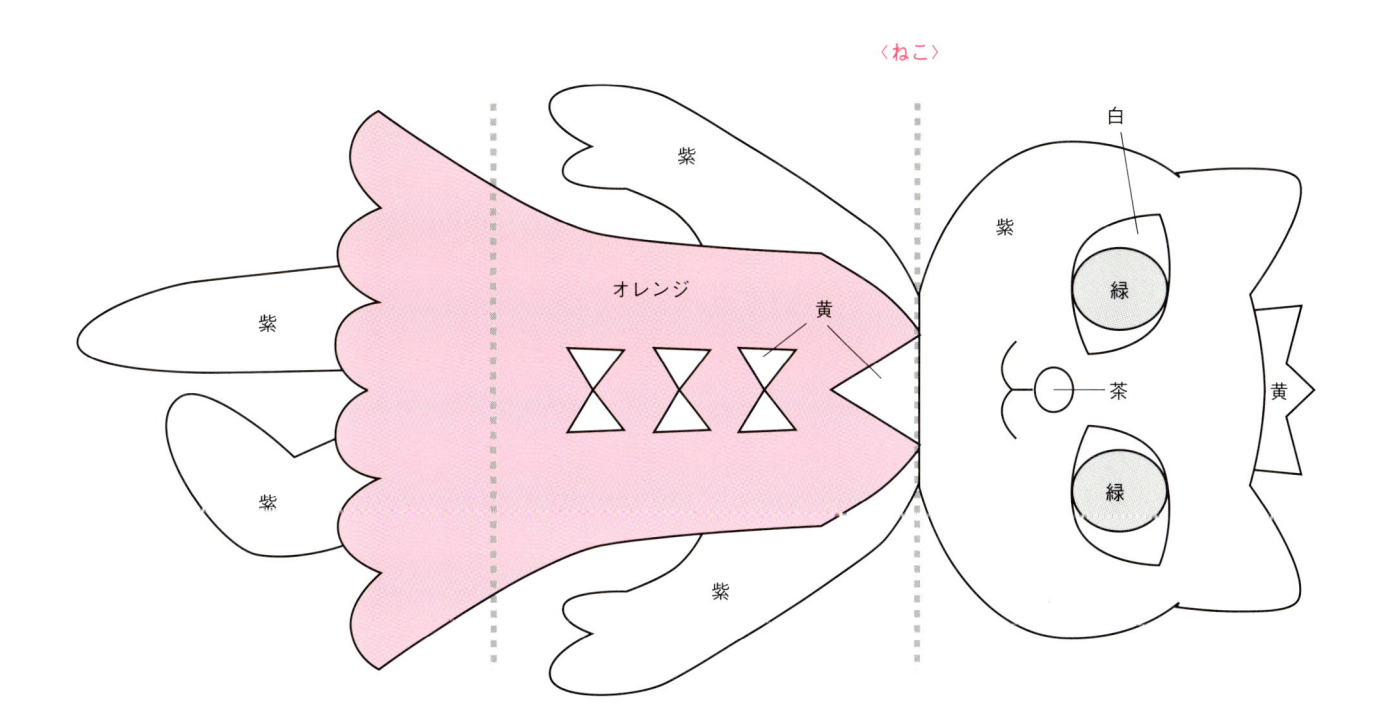

〈くま〉

茶　茶　肌色　白　朱色　白　茶　黒　茶

〈ねこ〉

白　紫　紫　緑　オレンジ　黄　茶　黄　紫　紫　緑　紫

＊120％拡大コピーして使用してください。

へんしん人形

作品→65ページ

材料
タオル地赤ちゃん用ぼうし*[水色・ピンク]各1こ、人形つきタオルかけ*2こ（5ページの「にぎにぎ赤ちゃん」でも代用できます）

1 ぼうしA、Bのそれぞれのふちをブランケットステッチでぬいあわせる。

2 A、Bの上部にそれぞれ人形をぬいつける。

3 真ん中で2つのぼうしをつなぐようにぬいとめる。

手つなぎどうぶつ

作品→66ページ
型紙→63ページ

材料
フェルト[朱色・淡いピンク・水色・オレンジ・淡い緑]20cm×13cm各1枚、フェルト丸シール7mm2こ・5mm8こ、[肌色・黄緑・黄・赤・淡いピンク・青・濃いピンク]適宜、ししゅう糸[赤・黒]、マジックテープ®（丸型）5組

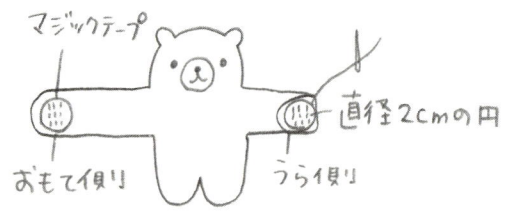

1 型紙どおりにフェルトを切り、顔をつける。

2 丸く切ったマジックテープ®を手のひらにぬいつける。（片方の手は裏側に）

3 マジックテープ®をつけたうら側の同じ位置に丸く切ったフェルトをボンドでつける。

つながるお魚

作品→67ページ
型紙→63ページ

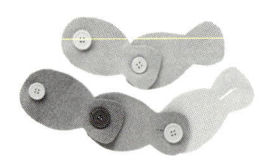

材料
フェルト[紫・水色・淡いピンク・淡い緑・淡い水色]12cm×6cm各1枚、ボタン直径2cm5こ

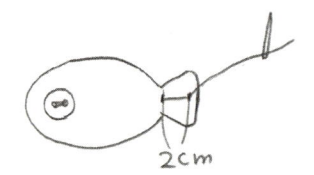

型紙どおりにフェルトを切り、目の部分にボタンをつける。しっぽには切り込みを入れ、両端をぬって補強しておく。

ガタゴト電車

作品→67ページ
型紙→63ページ

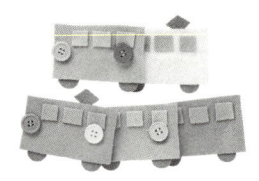

材料
フェルト[オレンジ・水色・濃いピンク・黄緑・黄]9cm×5cm各1枚、[灰色]7cm×4cm [青]9cm×1cm [淡い水色]6cm×1cm、ボタン直径2cm5こ　※線路は材料に入っていません。

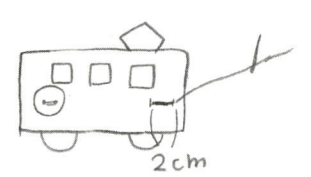

型紙どおりにフェルトを切り、左端にボタンをつける。右端には切り込みを入れ、両端をぬって補強しておく。車輪やパンタグラフをボンドでつける。

「手つなぎどうぶつ」型紙

＊120％拡大コピーして使用してください。

黒
いぬの耳
黄緑　黄緑
肌色
赤
糸　2本どり

くま＝オレンジ

いぬ＝淡い緑

濃いピンク
淡いピンク
黒
赤

水色
黄　黒
赤
黒　糸　2本どり
糸　2本どり

オレンジ
肌色
黒
赤
糸　2本どり

各色

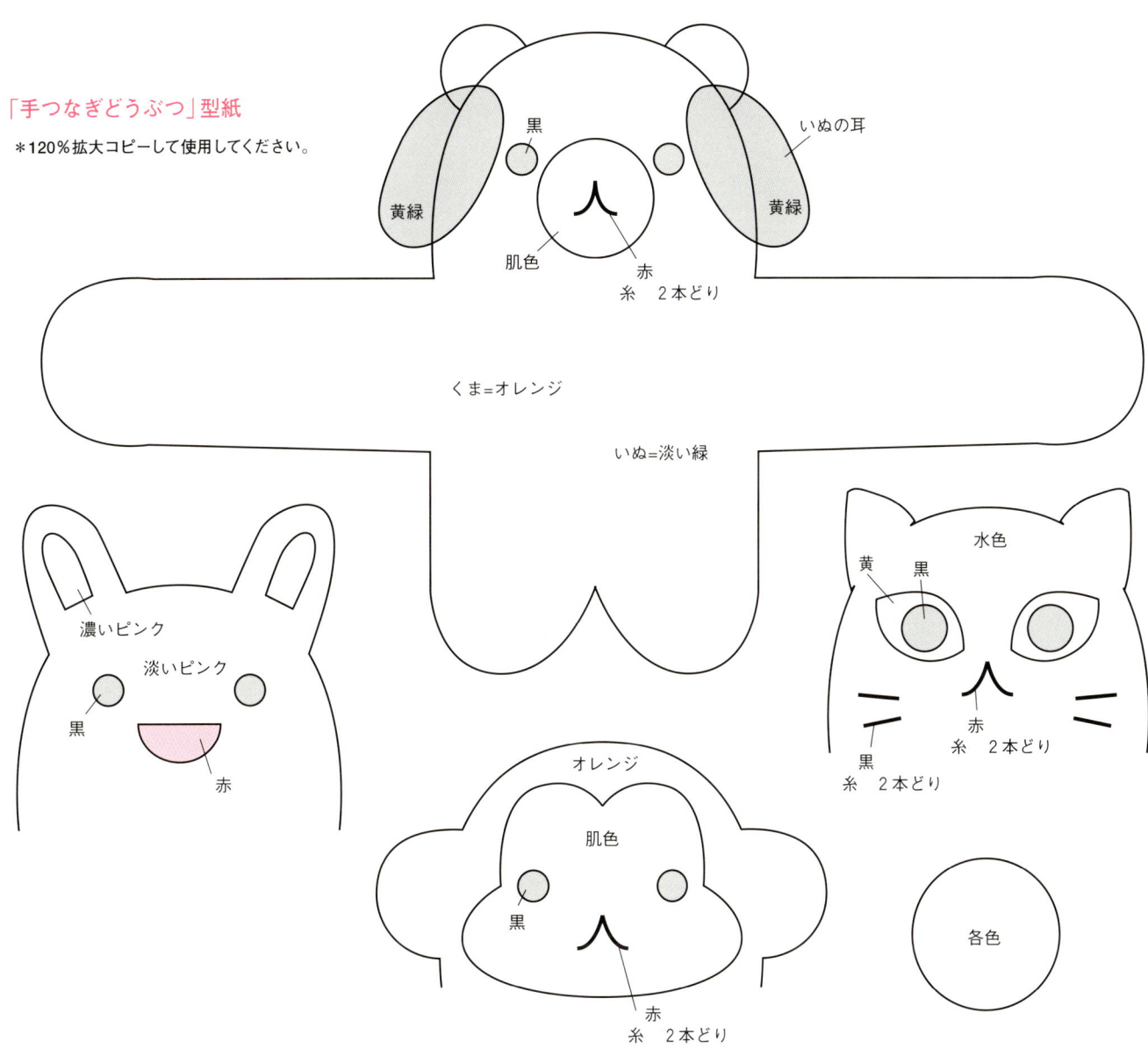

「ガタゴト電車」型紙

＊120％拡大コピーして使用してください。

灰色
水色　水色　水色
各色
切り込み位置
20mmのボタン
灰色　灰色

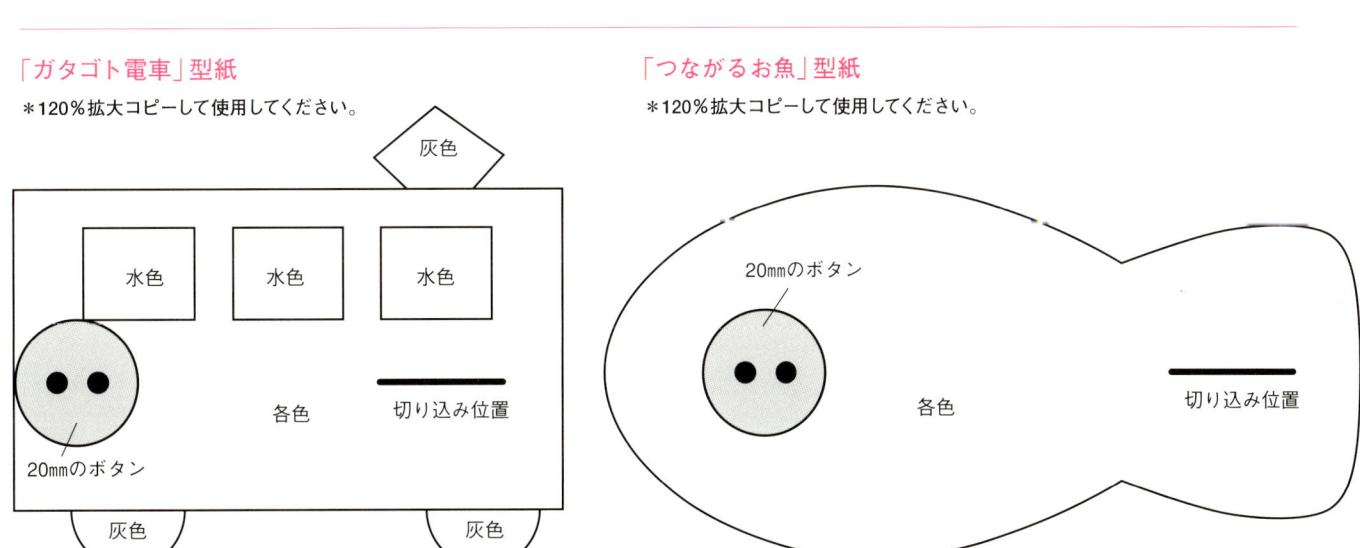

「つながるお魚」型紙

＊120％拡大コピーして使用してください。

20mmのボタン
各色
切り込み位置

どうぶつマグネット

作品→80ページ
型紙→64ページ

材料
マグネットボード1枚、マグネットシート10cm×10cm、フェルト（ねこ）[白]8cm×5cm [黄緑]5cm×5cm、（犬）[クリーム色]7cm×5cm [青]5cm×5cm、（くま）[オレンジ]8cm×5cm [黄]5cm×5cm、（うさぎ）[ピンク]10cm×5cm [赤]5cm×5cm、（その他）[淡いピンク・濃いピンク・青・赤・緑・茶色]適宜　※くるまは材料に入っていません。

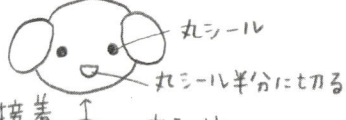

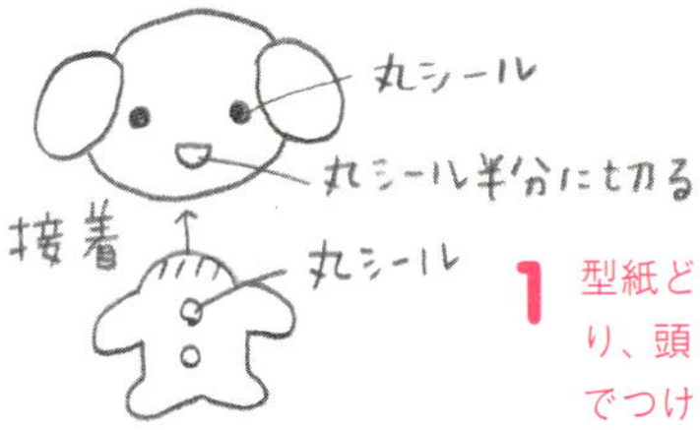

1. 型紙どおりにフェルトを切り、頭とからだをボンドでつける。顔を作る。

※目はフェルト丸シールがあれば便利です。丸シールはのりつきですが、ボンドできちんとはりましょう。

2. 丸く切ったマグネットシートを頭のうらに接着剤でつける。

ライオンさんのジグソーパズル

作品→80ページ
型紙→64ページ

材料
マグネットボード1枚、マグネットシート20cm×15cm、布[黄緑と白のストライプ]20cm×15cm、フェルト[黄]20cm×20cm、[茶色]10cm×10cm、[黄緑]8cm×4cm、フェルト丸シール7mm2こ、ししゅう糸[赤]

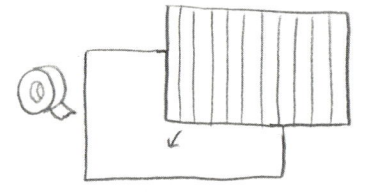

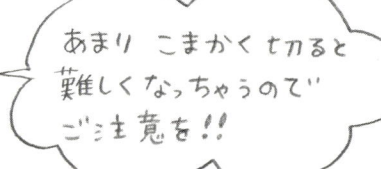

1. マグネットシートに両面テープで布をはる。
2. フェルトのアップリケをボンドではる。
3. 図を参考にしながら、好きな形に切る。

あまり こまかく切ると難しくなっちゃうのでご注意を!!

「どうぶつマグネット」型紙
＊200％拡大コピーして使用してください。

「ライオンさんのジグソーパズル」型紙
＊200％拡大コピーして使用してください。

PART3 動かして遊ぶ布えほんと布おもちゃ

へんしん人形

クルリン、パッ。
あっというまにぶたさんがわんちゃんに大変身。

2歳〜

作り方→**62**ページ

帽子も、タオルハンガーについているぬいぐるみもどちらも100円ショップのもの。ぬいぐるみが手に入らなければ、5ページで作ったくつしたの人形をとりつけてもOK。子どもが大好きな「いない いない ばあ」遊びのの発展型です。

たくさん つなげよう

どんどん増えるよ、楽しい仲間たち。たくさん作って、たくさんつなげましょう。

手つなぎどうぶつ　**2**歳～
作り方→**62**ページ

フェルトの動物の手の部分にマジックテープ®をつけて、どんどんつなげていけるようにします。「うさぎさんとねこさん、はい、あくしゅ」「くまさんとわんちゃん、なかよくね」などと声をかけながら、楽しくつなげていきましょう。

つながるお魚

2歳～
作り方→62ページ

魚の目をボタンにし、しっぽに切り込みを入れて、目としっぽを次々とつなげて遊びます。お母さんが「お魚さんがやってきたよ。ほら、1ぴき、2ひき…」といいながらつなげてみせます。おもしろそう、自分もやってみたいという子どもの意欲を育てましょう。

ガタゴト電車

2歳～
作り方→62ページ

電車の両端をボタンと切り込みにして、どんどんつなげていきましょう。ボタンの扱いもだんだんに慣れてきます。線路は長方形に切ったフェルトと綿ロープで。身近な布の素材だけで、さまざまなパーツが考えられますね。

おくちをあけて、りんごをパクパク

もぐもぐちゃん

もぐもぐちゃんは、くいしんぼう。
大きなお口でなんでも食べるよ。

2歳〜
作り方 ➡ **82ページ**

ファスナーを口に見立て、いろいろな食べ物を食べさせて遊ぶ人形です。「もぐもぐもぐ」「にんじんも、ああおいしい」などと語りかけをしましょう。子どもの好ききらいを直したり、歯みがきの習慣をつけさせるのにもいいですね。

たべおわったら、はをみがきましょうね

68

2歳〜
作り方➡82ページ

ファスナーをあけると、次々と何かが出てくるおもしろさに子どもは大喜びです。「おかあさんにわとりがたまごをうんで、そのたまごからひよこさんがうまれるんだよ」ということも、教えてあげられます。

たまごがポン！ ひよこがポン！

わあ、びっくり！ おかあさんにわとりから、何が出てくるの？ ねえ、次は？

うごくのりもの

動きのあるおもちゃは楽しさいっぱい！ 夢がどんどん広がります。

空～飛行機、ヘリコプター

線路～電車、新幹線

2歳〜
作り方 → **84ページ**

綿ロープにのりもののアップリケをつけたフェルトをはさんで、動かす布おもちゃです。「しんかんせん、ビューン！」「おふねがうみを、スーイスイ」「でんしゃ、ガタンゴトン」など、リズミカルなことばで遊びましょう。

道路 〜 自動車、トラック

海 〜 船、ヨット

71

おせんたくしよう

きれいにおせんたく、楽しいな。おひさまの下でじょうずにほしてね。

さあ、おせんたくしよう

きれいにあらおうね

2歳～
作り方→**88**ページ

洗濯機に入れて洗い、干して、とりこんで、しまうところまでを楽しく覚えられる生活えほんです。文房具店で扱っているかわいいクリップを洗濯ばさみにして、フェルトを切った洋服をとめます。「○○ちゃんのパンツをほしましょう」などといいながら遊びましょう。

いいおてんき。おそとにほしましょう

かわいたら、とりこみましょうね

ようふくだんすにちゃんとしましょう

73

おしゃれな かばん

女の子はおしゃれが大好き！
きょうはどんなおしゃれをしようかな。

2歳〜
作り方 ➡ **92**ページ

お化粧道具が詰まっているかばんは、夢がいっぱい。小さな口紅やコンパクトに女の子は夢中になります。髪型や洋服が着せ替えできる人形もセットにすれば、ままごと遊びも広がります。

カトリーヌは ピンクのドレスね

マリィはかみのけが ちゃいろなの

かがみ　　　　くし　　　　コンパクト

くちべに　　マニキュア

かつら

ようふく

75

おいしゃさんのかばん

病気をなおしてくれる、ふしぎなふしぎな
お医者さんのかばんです。

ちょうしんき

たいおんけい

くすり

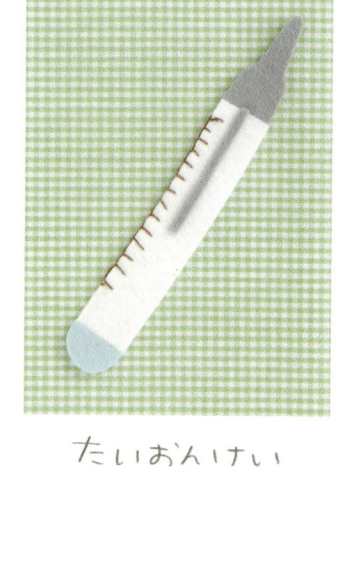

ちゅうしゃき

ばんそうこう

どんなけがをしても、へいきだよ

2歳～
作り方→**92ページ**

40ページのうさぎちゃんがここではお医者さんに。聴診器や注射が入っているお医者さんのかばんは、わくわくどきどきしますね。子どもはお医者さんごっこが大好き。「ごっこあそび」ができるようになると、想像力も豊かになります。

77

ケーキをつくろう

みんなが大好きなケーキを作りましょう。
好きなものを乗せて、おいしそうにね。

Happy Birthday!

2歳〜
作り方 ➡ 81ページ

おかしの空き缶に綿ロープをグルグル巻いて、生クリームに見立てます。赤い軍手の指先でいちごを、フェルトでデコレーションを作り、飾りつけて遊びます。「○○ちゃんのおたんじょう日ケーキを作りましょう」「赤いいちごをのせましょうね」などとことばをかけながら、飾ってみせるといいでしょう。

底にマグネットが入っているから、くっつくよ

いちごと生クリームおいしそう！

プレゼント、なにかな？

いちごクリームはピンクのひもで

79

くっつけよう

くっつけたり、はがしたり、くっつけたり、はがしたり…。
そんなことがふしぎで楽しくてたまらないころのおもちゃです。

どうぶつマグネット

1歳〜
作り方 → **64**ページ

フェルトの動物のからだにマグネットシートをつけて、マグネットボードにぺたぺたはって遊びます。顔や足をもってめくるようにすれば、子どもの小さな手でもかんたんに扱えるでしょう。

れいぞうこ
ペタッ ペタッ

2歳〜
作り方 → **64**ページ

大きめのマグネットシートにライオンの絵をはって作り、6つに切り分けます。それをばらばらにして、ジグソーパズルを作りましょう。年齢に合わせて、切り分ける数を変えてもいいですね。まずお母さんが作ってみせて、「あら、ライオンさんになっちゃった」などといって、遊んでみせましょう。

ライオンさんのジグソーパズル

ケーキをつくろう

作品➔78ページ
型紙➔88ページ

材料

(ケーキ)クッキーなどの空き缶（丸型）、紙[白]、綿ロープ[白・ピンク]大きさ、太さ、長さは缶の大きさによって変わる、(いちご)軍手[赤]、わた適量、マグネット直径2cmいちごの数、(くま立体)軍手[オレンジ]、わた適量、マグネット直径2.5cm1こ、カラーわゴム1本、目玉ボタン直径4mm2こ、フェルト[オレンジ・淡いピンク・肌色・茶色]適量、(赤ずきんちゃん)軍手[白]、わた適量、マグネット直径2cm1こ、カラーわゴム1本、目玉ボタン直径4mm2こ、フェルト[赤]5cm×3cm[水色・赤]適宜、毛糸[茶]適宜、(コルクの小人)コルク栓1こ、マグネット直径2cm1こ、ボンテン1こ、フェルト[赤]15cm×10cm[緑・黄]適宜、(くま)フェルト[オレンジ]15cm×10cm[白・赤・黒]適宜、フェルト丸シール5mm2こ、(ハート)[濃いピンク]8cm×8cm、(プレゼント)[黄]8cm×5cm、リボン[緑]5mm幅20cm

●ケーキ

1 空き缶のふたと同じ大きさに切った白い紙を両面テープではる。（缶に柄があれば側面も）

2 綿ロープを缶の側面にまいて、接着剤ではる。

●赤ずきんちゃん

1 白い軍手の指先を切り、マグネット、わたの順番で入れてとじる。

2 フェルトのずきんをかぶせて、わゴムをはめて首を作る。

3 目玉ボタンはぬいつけ、毛糸、口、からだの飾りはボンドでつける。

●コルクの小人

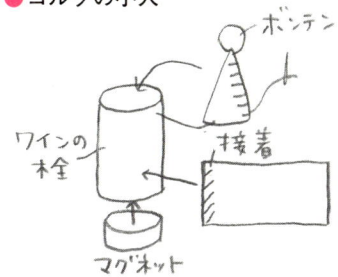

1 コルクにマグネットを接着し、まわりをフェルトでまく。

2 三角ぼうしをかぶせて、ペンで顔を描く。からだの飾りをつける。

●いちご

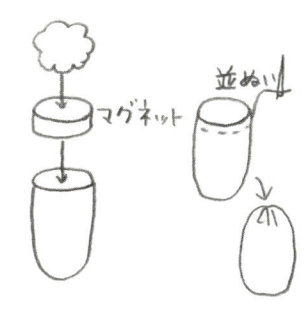

1 赤い軍手の指先を切る。

2 指先に、マグネット、わたの順番で入れる。

3 上部をぬってとじる。

●くま

1 オレンジの軍手の指先を切り、マグネット、わたの順番で入れてとじる。

2 わゴムをはめて首をつくり、目玉ボタン、耳、口をつける。

●フェルトの飾り （型紙は88ページ）

型紙通りに切って作る。

もぐもぐちゃん

作品→**68**ページ
型紙→**83**ページ

材料
フェルト(人形)[肌色]20cm×20cm[黄緑]10cm×8cm、(魚)[青]8cm×7cm、(りんご)[赤]11cm×4cm、(にんじん)[オレンジ]11cm×4cm、(皿)[白]10cm×10cm、(その他)[オレンジ・水色・黄緑・黒]適宜、毛糸[茶色]50cm、動眼直径2cm2こ、ファスナー12cm1本、わた適量、ししゅう糸[赤]

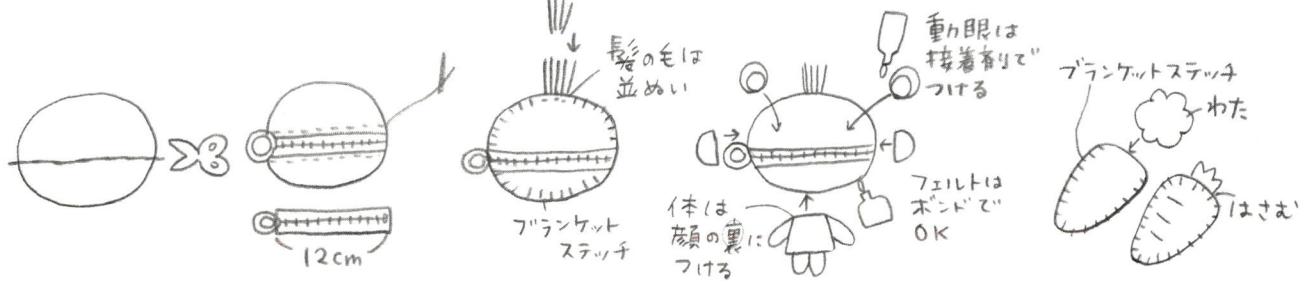

1 顔のフェルトの1枚を口の位置で切って、ファスナーをぬいつける。

2 髪の毛の毛糸をはさんで、顔のフェルト2枚をブランケットステッチでぬいあわせる。

3 からだのパーツはボンドで、動眼は接着剤でそれぞれつける。

4 にんじんはフェルト2枚の間にはっぱをはさみ、中にわたを入れて、ブランケットステッチでぬいあわせる。りんご、魚も同様に。

たまごがポン！ひよこがポン！

作品→**69**ページ
型紙→**91**ページ

材料
フェルト[白]20cm×20cm3枚、[赤]5cm×3cm、[黄]12cm×10cm、[オレンジ]2cm×2cm、目玉ボタン直径1cm2こ、直径8mm2こ、ファスナー12cm2本、わた適量

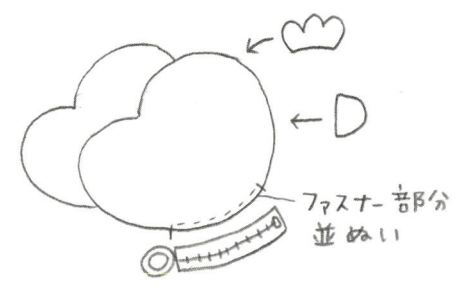

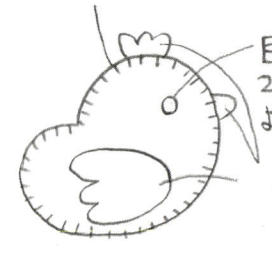

1 にわとりのからだのフェルトを2枚合わせ、おなかの部分にファスナーをぬいつける。

2 くちばし、トサカをはさんでブランケットステッチでぬいあわせる。目玉ボタンはぬいつけ、羽根はボンドでつける。

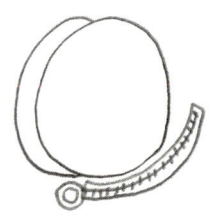

3 たまごもフェルトを2枚合わせて、ファスナーをぬいつける。ふちはブランケットステッチでぬいあわせる。

4 ひよこはフェルトの間にわたを入れ、ふちはブランケットステッチでぬいあわせる。

「もぐもぐちゃん」型紙

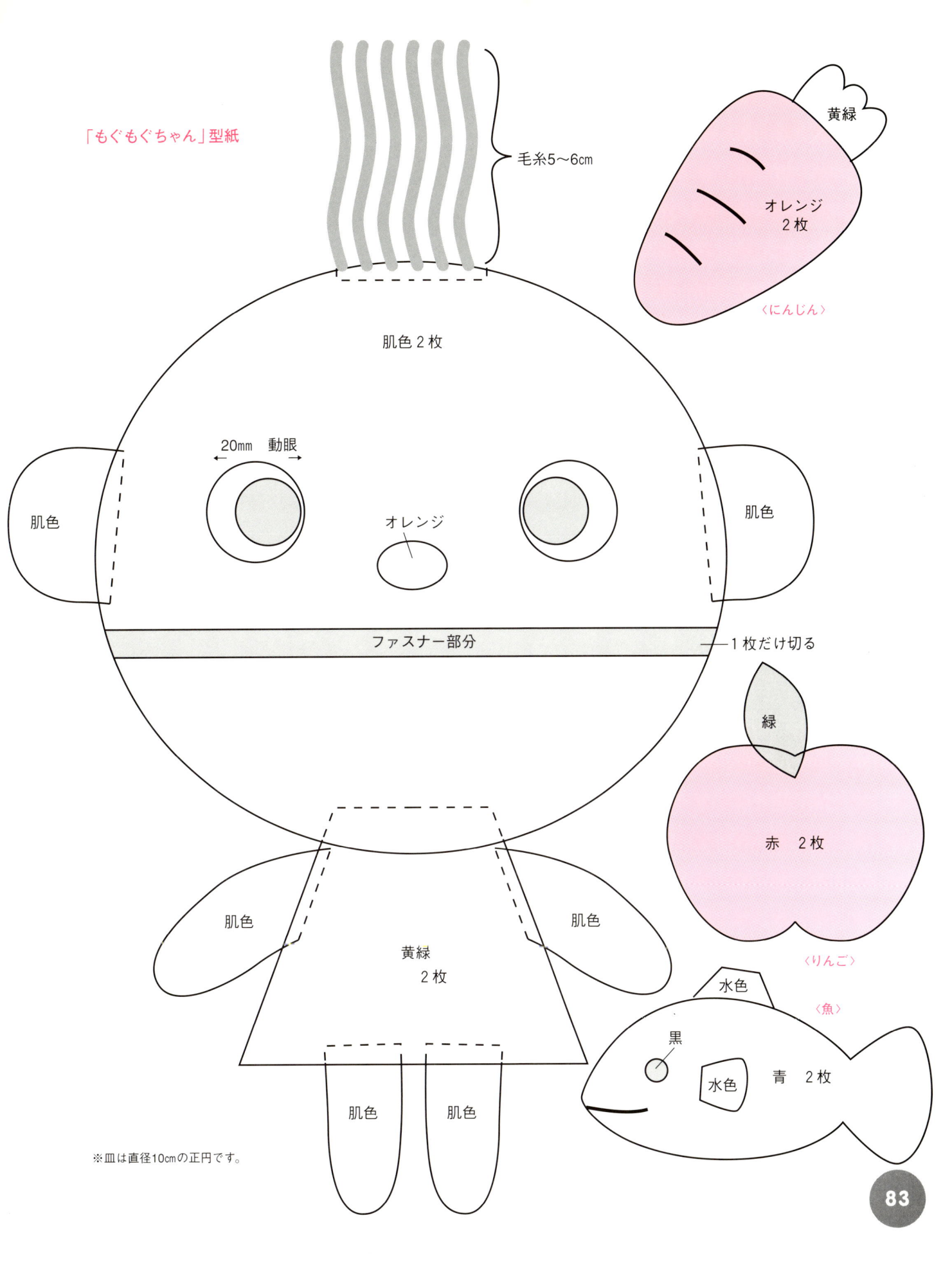

毛糸5～6cm

肌色2枚

20mm 動眼

オレンジ

肌色

肌色

ファスナー部分 ——1枚だけ切る

肌色 肌色

黄緑 2枚

肌色 肌色

※皿は直径10cmの正円です。

黄緑

オレンジ 2枚

〈にんじん〉

緑

赤 2枚

〈りんご〉

水色

〈魚〉

黒

水色 青 2枚

うごくのりもの

作品 → 70,71ページ
型紙 → 85,86,87ページ

材料
(土台) 段ボール40cm×20cm4枚、綿ロープ [白] 5mm太さ45cm4本、/フェルト (空) [水色] 40cm×20cm、(雲) [白] 20cm×10cm、(その他) [黄緑・赤・淡いピンク・黄・緑・茶色] 適宜、(空カード) [濃いピンク・淡いピンク] 20cm×10cm各1枚 [白] 10cm×10cm [オレンジ] 10cm×10cm [水色] 10cm×5cm [淡い緑] 5cm×2cm/(線路) [茶色・黄緑] 40cm×10cm各1枚、(その他) [オレンジ・黄・緑・黒・赤] 適宜、綿ロープ [黒] 10mm太さ80cm、(線路カード) [紫・濃いピンク] 20cm×10cm各1枚 [白] 10cm×5cm [濃い水色・青・水色] 適宜 [黄緑] 10cm×8cm [オレンジ・水色・黄] 適宜/(道路) [灰色・黄緑] 40cm×10cm各1枚、(その他) [緑・淡い緑・オレンジ・赤・黄・青] 適宜、(道路カード) [黄・黄緑] 20cm×10cm各1枚 [赤・青] 10cm×8cm各1枚 [淡いピンク] 3cm×3cm [淡い水色・青・濃いピンク・オレンジ] 適宜/(海) [水色・青] 40cm×10cm各1枚、(雲・かもめ) [白] 20cm×10cm、(海カード) [オレンジ・淡い水色] 20cm×10cm各1枚 [青・黄] 10cm×5cm各1枚 [赤・白・黄・オレンジ・水色] 適宜、マジックテープ®2.5cm幅32cm

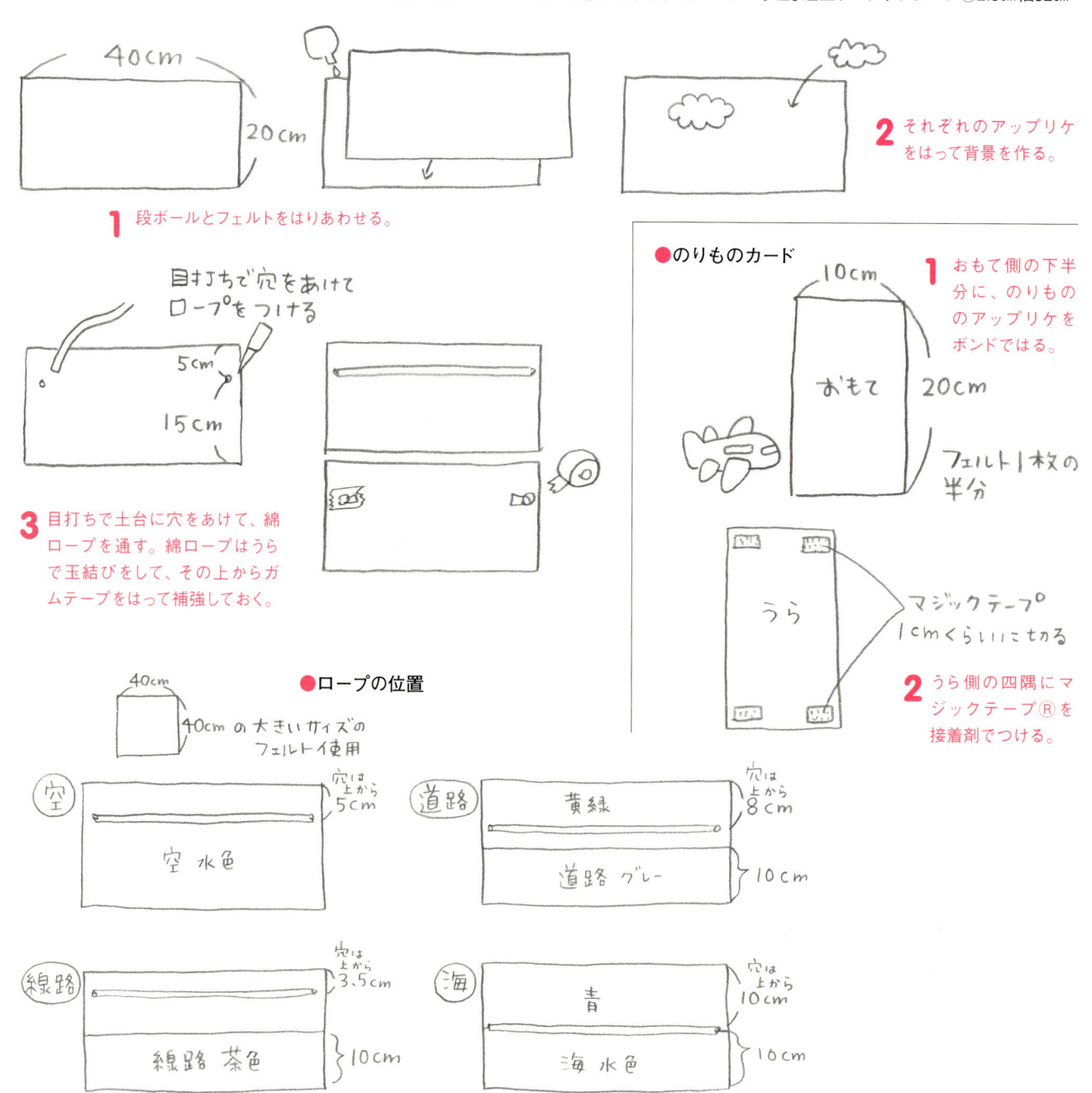

1 段ボールとフェルトをはりあわせる。

2 それぞれのアップリケをはって背景を作る。

3 目打ちで土台に穴をあけて、綿ロープを通す。綿ロープはうらで玉結びをして、その上からガムテープをはって補強しておく。

目打ちで穴をあけてロープをつける

● のりものカード

1 おもて側の下半分に、のりもののアップリケをボンドではる。

フェルト1枚の半分

マジックテープ 1cmくらいに切る

2 うら側の四隅にマジックテープ®を接着剤でつける。

● ロープの位置

40cmの大きいサイズのフェルト使用

空 — 空 水色 — 穴は上から5cm

道路 — 黄緑/道路グレー — 穴は上から8cm、10cm

線路 — 線路 茶色 — 穴は上から3.5cm、10cm

海 — 青/海 水色 — 穴は上から10cm、10cm

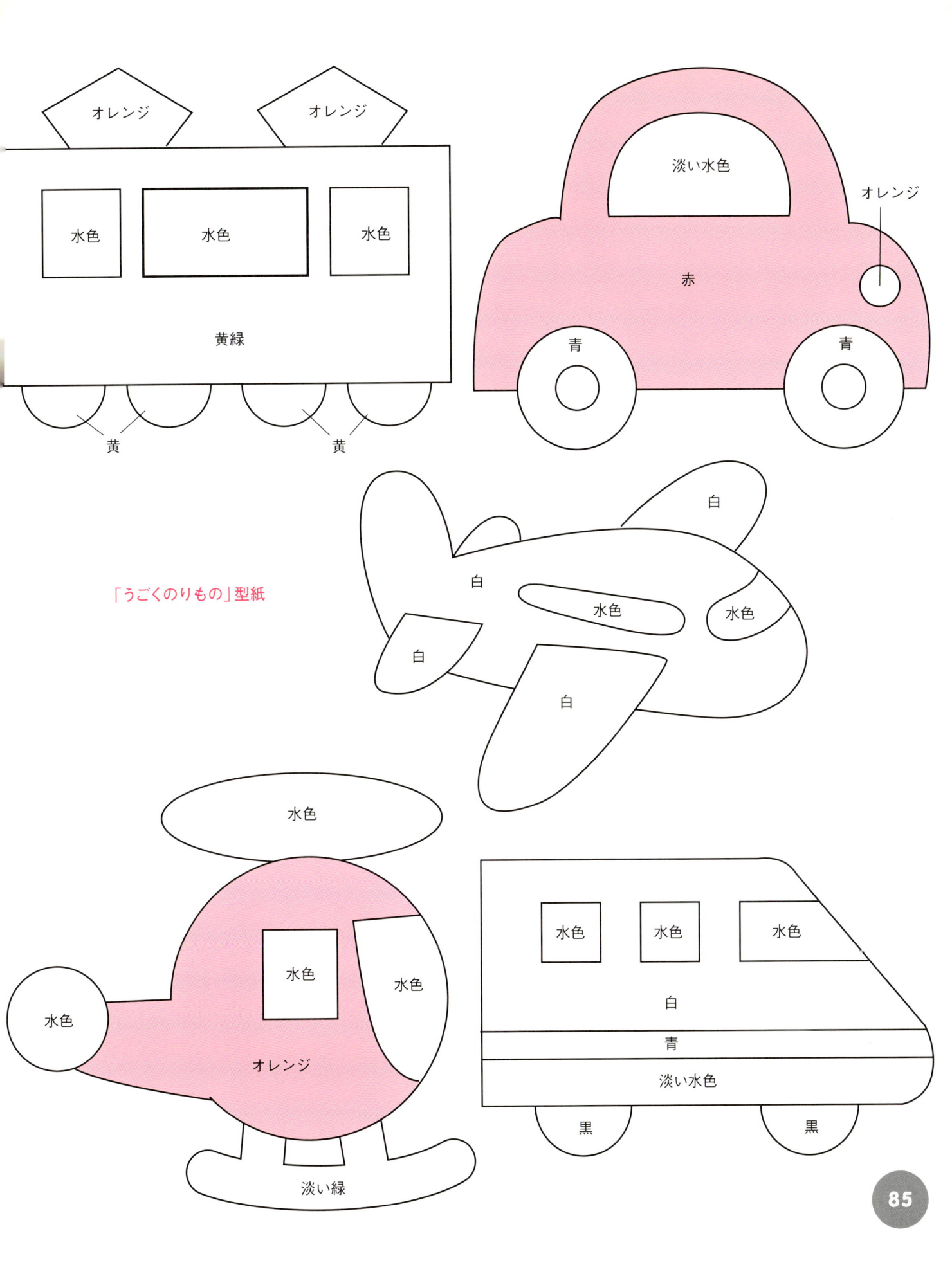

「うごくのりもの」型紙

- オレンジ
- 水色
- 黄緑
- 黄
- 淡い水色
- オレンジ
- 赤
- 青
- 白
- 水色
- 淡い緑
- 黒

85

「うごくのりもの」型紙

波
波
白
カモメ

ピンク
淡い水色
ピンク
オレンジ
赤
青
オレンジ
赤

赤
白
赤
オレンジ
黄
白
黄
青
黄
青

オレンジ
白
黄
赤
水色
白

白
白

87

おせんたくしよう

作品→**72**ページ
型紙→**89,90**ページ

材料
フェルト(土台)[淡い緑]20cm×20cm[クリーム色]20cm×20cm2枚[淡いピンク]20cm×20cm、(洗濯機)[白]20cm×16cm[水色]8cm×8cm、(太陽)[赤]4.5cm×4.5cm[オレンジ]9cm×9cm、(犬)[淡いピンク]8cm×7cm[淡い紫]5cm×5cm[紫・赤]適宜、(草)[黄緑]8cm×3cm[緑]11cm×4cm[赤]適宜、(かご)[茶]11cm×7cm、(洗濯もの)[白]8cm×6cm、[青]7cm×5cm[赤]10cm×7cm[濃いピンク]9cm×10cm[白・濃いピンク]適宜、(タンス)[オレンジ]16cm×13cm[クリーム色]11cm×6cm[茶]適宜、セロハンまたは透明ビニール7cm×7cm、綿ロープ[白]8mm太さ40cm、木製のクリップ5こ

●A洗濯機　●B犬　●Cかご　●Dタンス

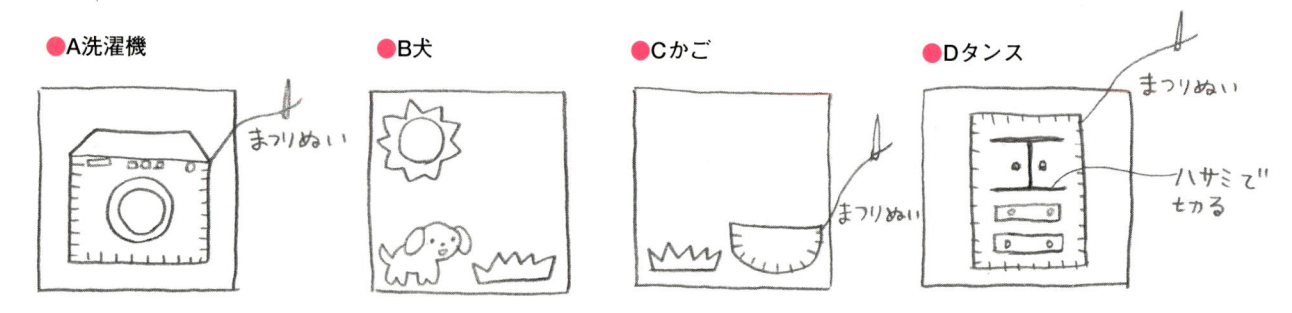

1 土台のフェルトにポケットになるパーツをぬいつける。アップリケは接着する(フェルトはボンドでOK)。

2 AとB、CとDを背中合わせにボンドではりあわせる。

3 はりあわせた2枚をブランケットステッチでぬいあわせる。

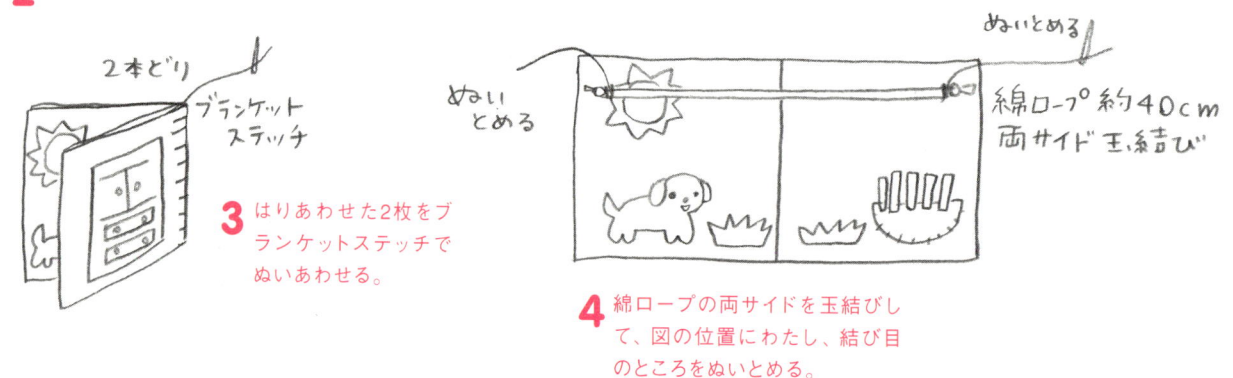

4 綿ロープの両サイドを玉結びして、図の位置にわたし、結び目のところをぬいとめる。

「ケーキをつくろう」型紙 (作り方は81ページ)

〈プレゼント〉 リボン 緑 / 黄

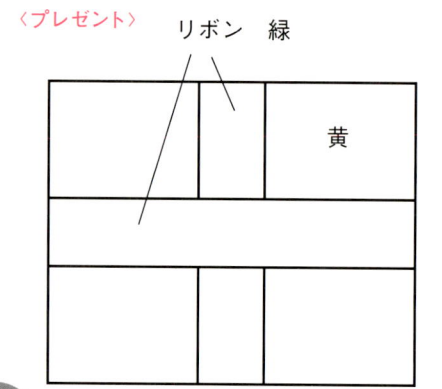

〈くま〉 オレンジ / 黒 / 赤 / 白 / 白

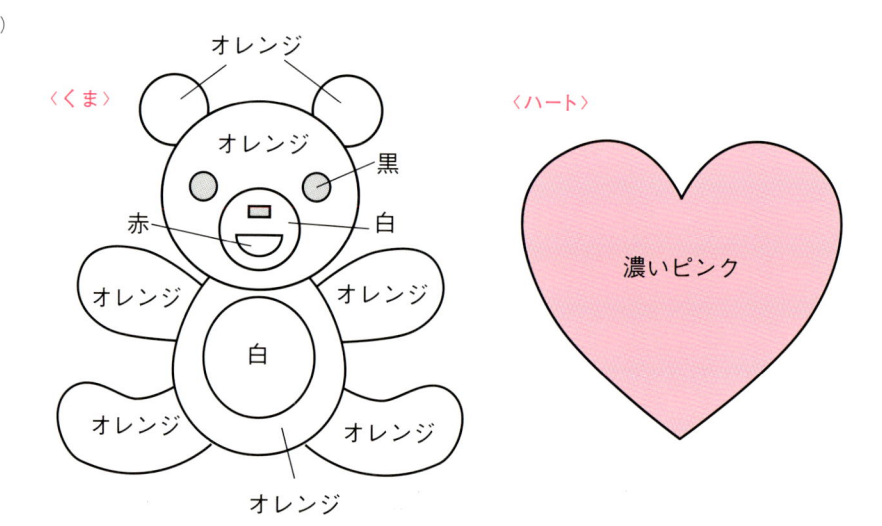

〈ハート〉 濃いピンク

「おせんたくしよう」型紙

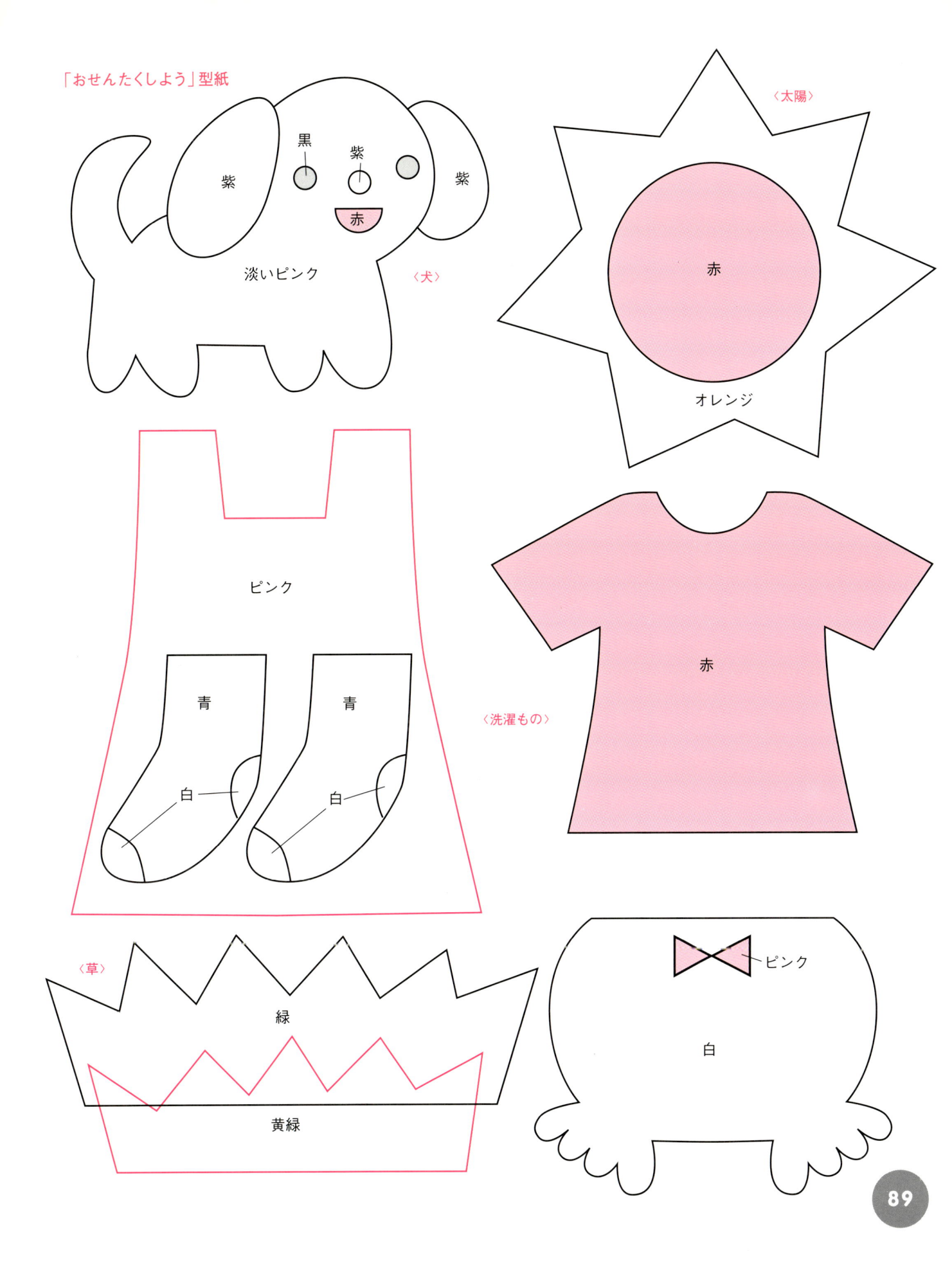

〈犬〉
黒 紫 紫 紫 赤 淡いピンク

〈太陽〉
赤 オレンジ

〈洗濯もの〉
ピンク 青 青 白 白 赤

〈草〉
緑 黄緑

ピンク 白

89

「おせんたくしよう」型紙

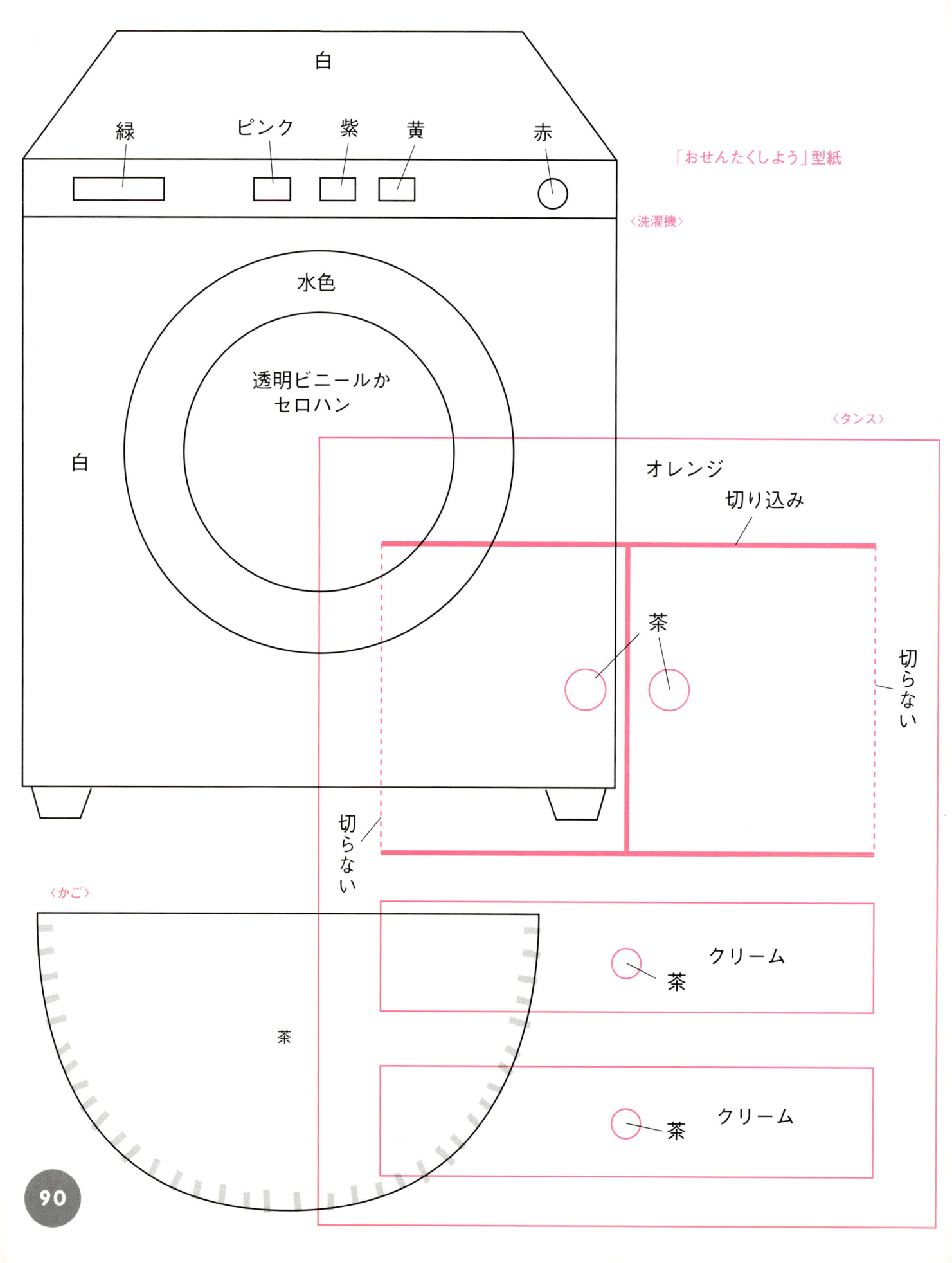

〈洗濯機〉

白

緑　ピンク　紫　黄　赤

水色

透明ビニールか
セロハン

白

〈タンス〉

オレンジ
切り込み

茶

切らない

切らない

〈かご〉

茶

茶　クリーム

茶　クリーム

90

〈にわとり〉

赤

黄

白　2枚

目玉ボタン

白　2枚

ファスナー位置

「たまごがポン！
ひよこがポン！」型紙
（作り方は82ページ）

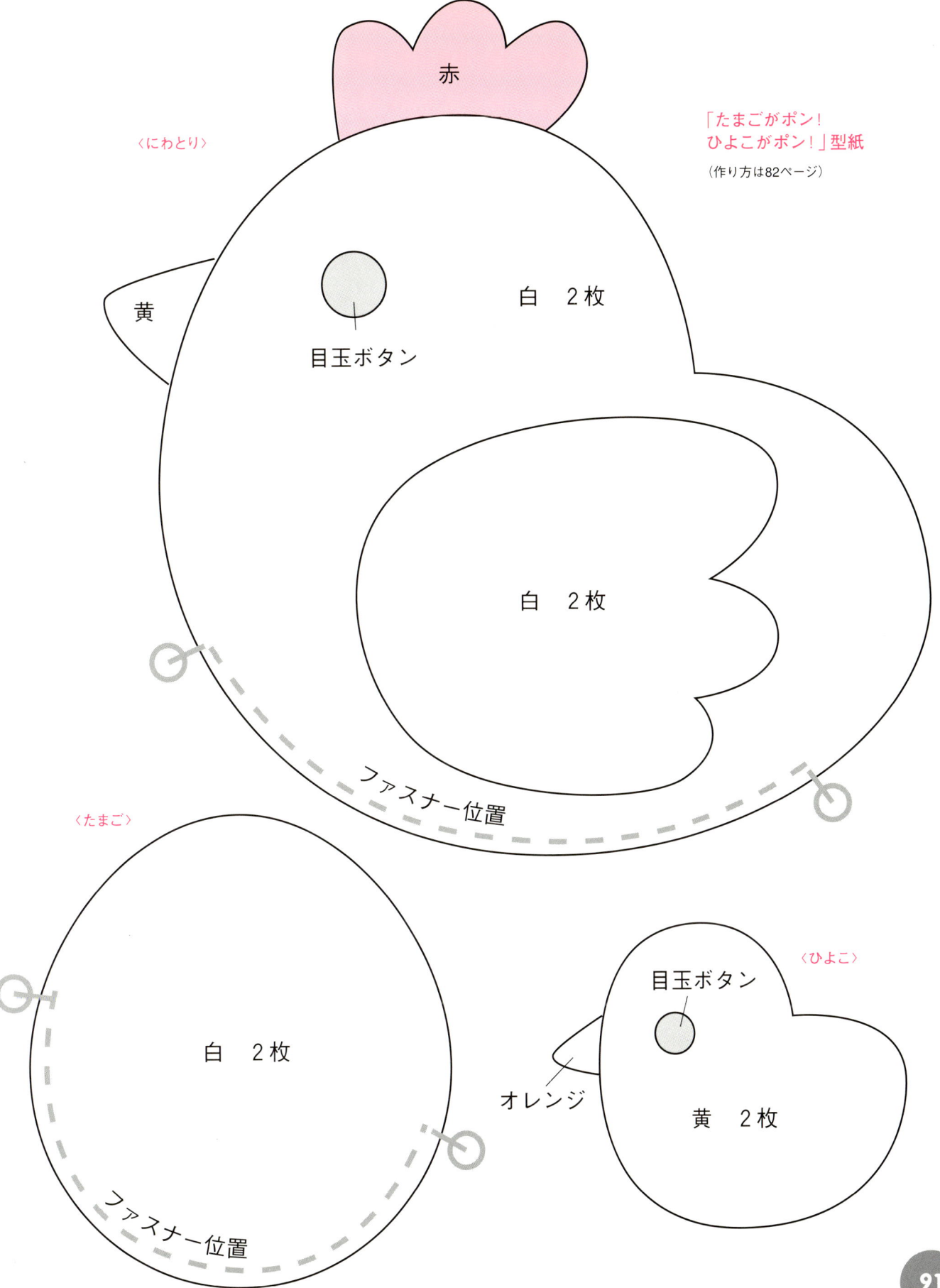

〈たまご〉

白　2枚

ファスナー位置

〈ひよこ〉

目玉ボタン

オレンジ

黄　2枚

おしゃれなかばん

作品→74ページ
型紙→93,94ページ

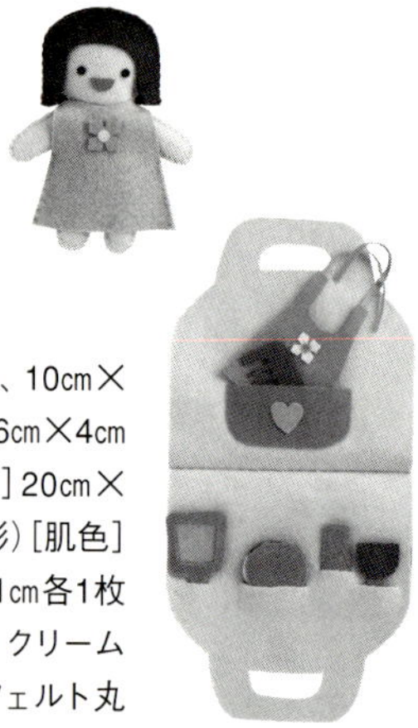

材料
フェルト（土台）[濃いピンク]20cm×20cm2枚、10cm×5cm [淡いピンク]20cm×20cm2枚 [オレンジ]6cm×4cm [クリーム色]8cm×4cm、（小物）[濃いピンク]20cm×20cm [淡い紫]6cm×4cm [紫]10cm×5cm、（人形）[肌色]15cm×12cm2枚 [濃いピンク・黄緑]15cm×11cm各1枚 [茶色・黄]12cm×10cm各1枚、（その他）[赤・クリーム色・オレンジ・白・黄・水色・淡い緑]適宜、フェルト丸シール7mm2こ、リボン[ピンク・緑]5mm幅16cm各1本

●かばん

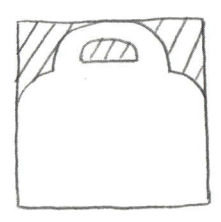

1 土台のフェルト4枚をかばんの形に切る。

2 ふちにボンドをつけて、違う色どうしをはりあわせる。

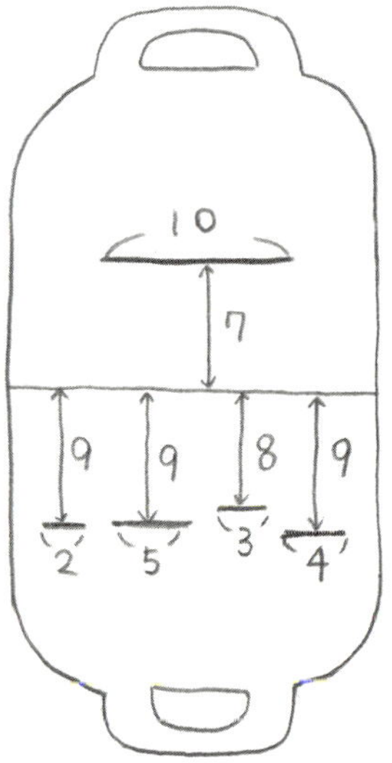

●コンパクト

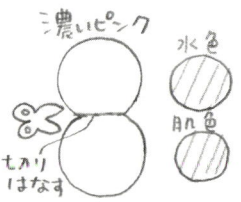

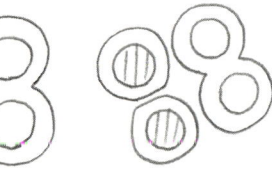

1 フェルトを型紙どおりに切る。

2 はりあわせる。パフは持ち手の部分を両サイドぬう。ファンデーションの上にピッタリはまるように作る。

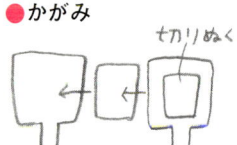

●くちべに・マニキュア

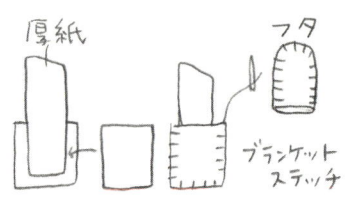

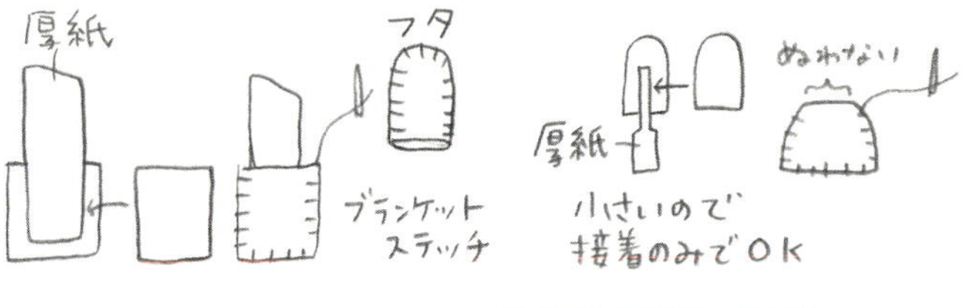

1 厚紙に色をぬる。（くちべには赤、マニキュアは紫）

2 厚紙をはさんで接着し、ふちをぬう。（くちべには両方、マニキュアは容器のみ）

●くし

フェルトを型紙どおりに切って、ボンドではりあわせる。

おいしゃさんのかばん

作品→76ページ
型紙→94,95ページ

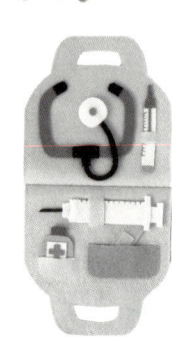

材料
フェルト（土台）[淡い緑]20cm×20cm2枚、10cm×5cm [クリーム色]20cm×20cm2枚 [淡いピンク]8cm×7cm、（小物）[灰色]13cm×10cm [白]18cm×10cm [肌色]8cm×3cm [黄]5cm×5cm [赤・水色・クリーム色・黒・濃いピンク]適宜、綿ロープ[黒]5mm幅13cm

5 外側のアップリケをボンドでつける。

3 濃い色のほうを外側にして、2枚をブランケットステッチでぬいあわせる。

4 図のように内側の1枚だけに切り込みを入れる。指でつまんで少し切り、その穴からその寸法だけ切っていく。ポケットをまつりぬいでつける。

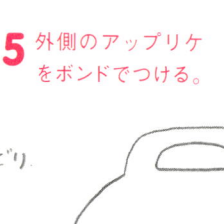

●かがみ
フェルトを型紙どおりに切って、はりあわせる。

●注射器
厚紙をはさんでそれぞれのパーツを接着し、注射器本体は片側を白、もう片側は茶色でブランケットステッチをしてぬいあわせる。

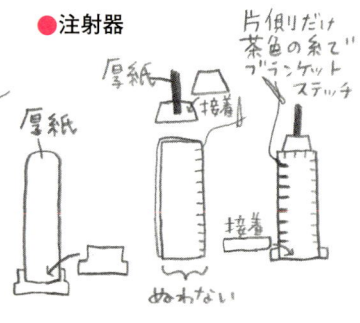

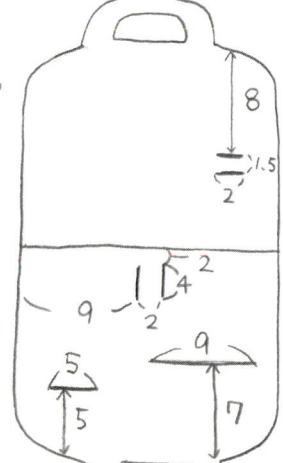

● 人形

1. フェルトを型紙どおりに切り、中にわたを入れて、ブランケットステッチでぬいあわせる。
2. 顔のパーツをボンドでつける。
3. かつらは、外側だけをブランケットステッチでぬいあわせる。
4. 洋服は、スカートの下の部分だけをブランケットステッチでぬいあわせる。

● くすり・ばんそうこう

フェルトを型紙どおりに切って、パーツをボンドでつける。

● 聴診器

フェルトを型紙どおりに切って、パーツをボンドでつける。綿ロープは接着剤ではりあわせる。

● 体温計

フェルトを型紙どおりに切って、パーツをボンドでつける。片側は茶色でブランケットステッチをして、目盛りを作る。

〈くちべに〉 濃いピンク 2枚
厚紙
濃いピンク 2枚

〈マニュキア〉
厚紙
紫 2枚

「おしゃれなかばん」型紙

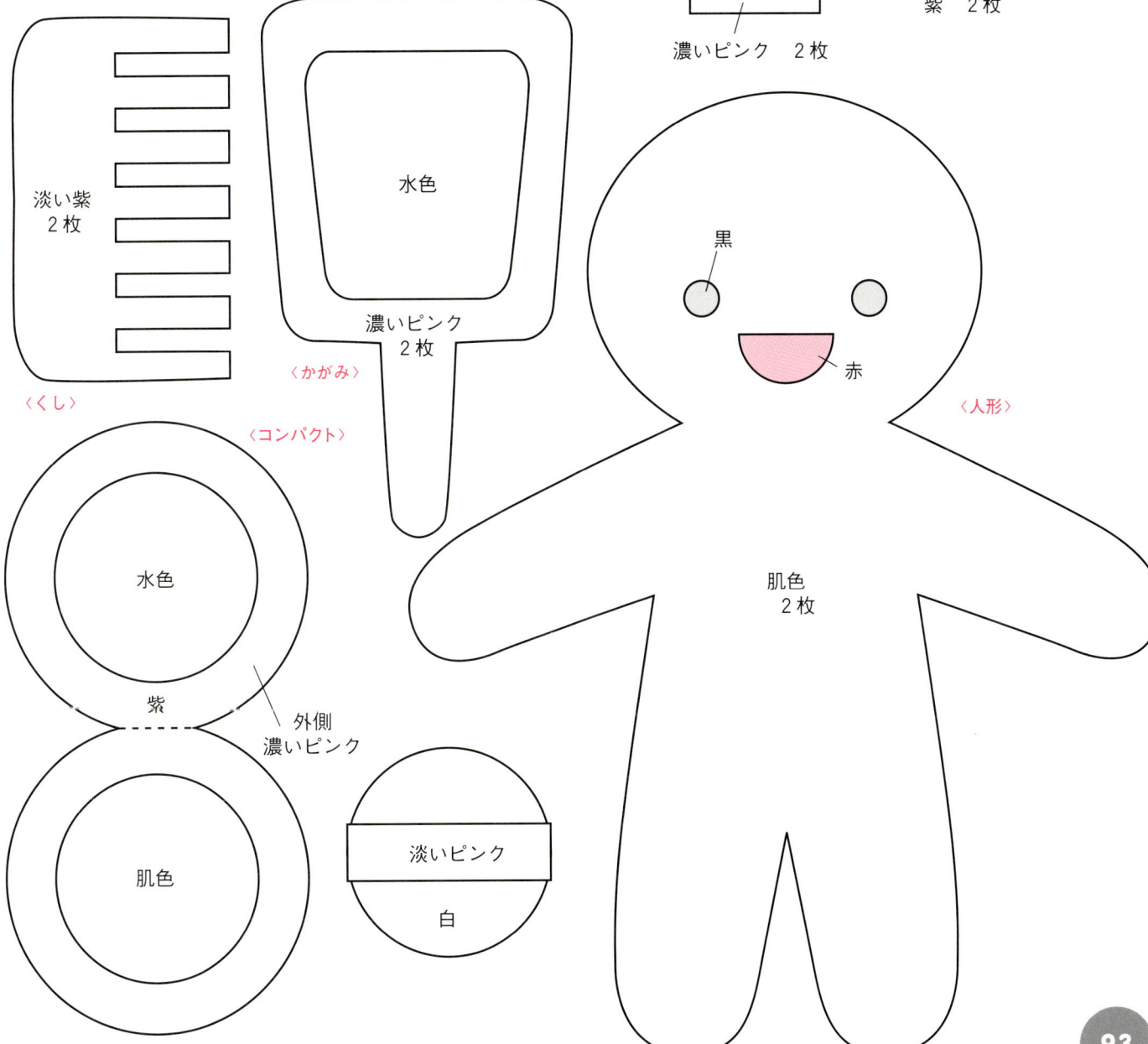

淡い紫 2枚
〈くし〉

水色
濃いピンク 2枚
〈かがみ〉

〈コンパクト〉
水色
紫
肌色
外側 濃いピンク

淡いピンク
白

〈人形〉
黒
赤
肌色 2枚

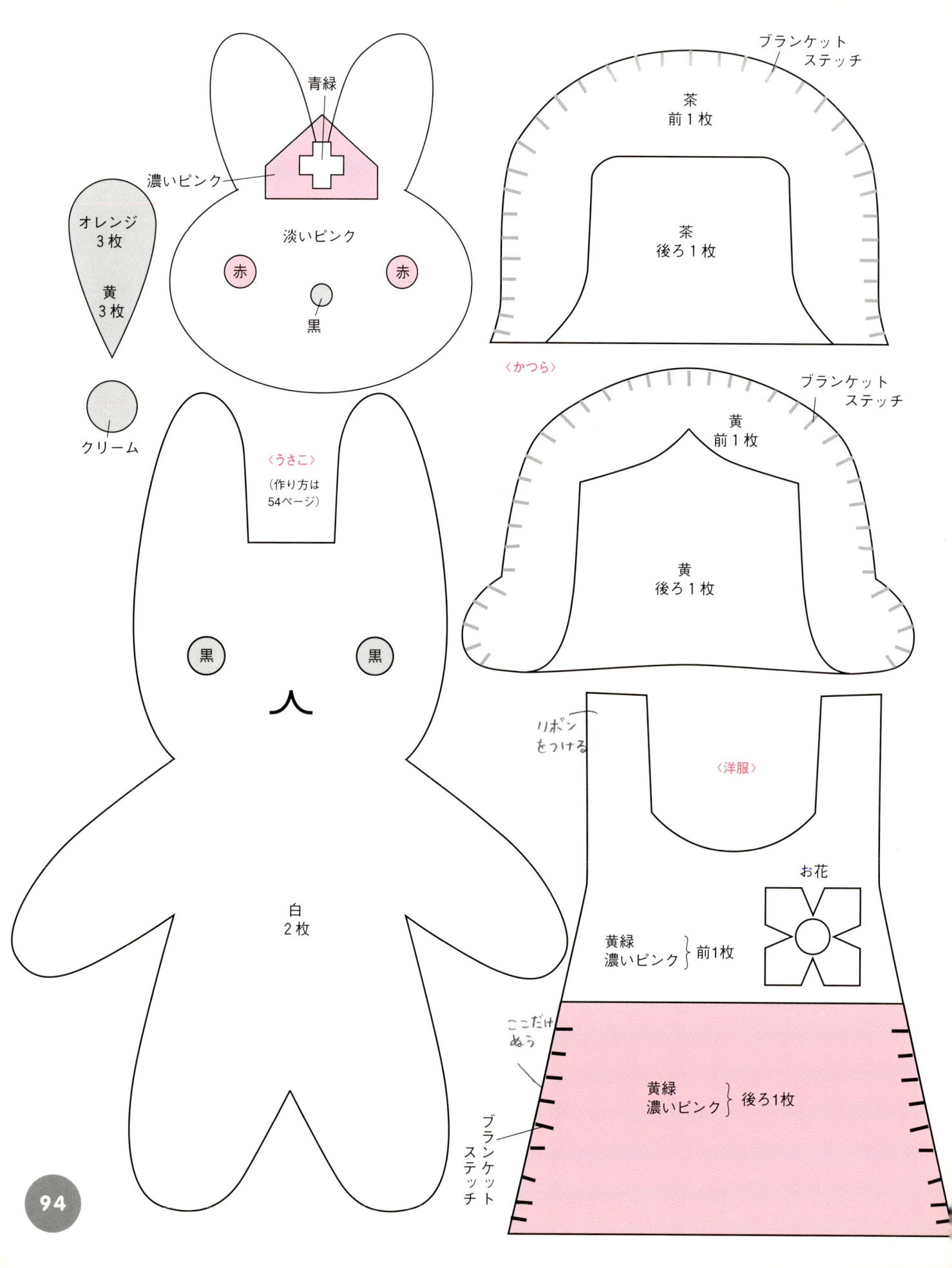

- 青緑
- 濃いピンク
- オレンジ 3枚
- 黄 3枚
- 淡いピンク
- 赤
- 赤
- 黒
- クリーム
- 〈うさこ〉（作り方は54ページ）
- 黒
- 黒
- 白 2枚

〈かつら〉
- ブランケットステッチ
- 茶 前1枚
- 茶 後ろ1枚

- ブランケットステッチ
- 黄 前1枚
- 黄 後ろ1枚

〈洋服〉
- リボンをつける
- お花
- 黄緑 } 前1枚
- 濃いピンク
- ここだけぬう
- ブランケットステッチ
- 黄緑 } 後ろ1枚
- 濃いピンク

「おいしゃさんのかばん」型紙

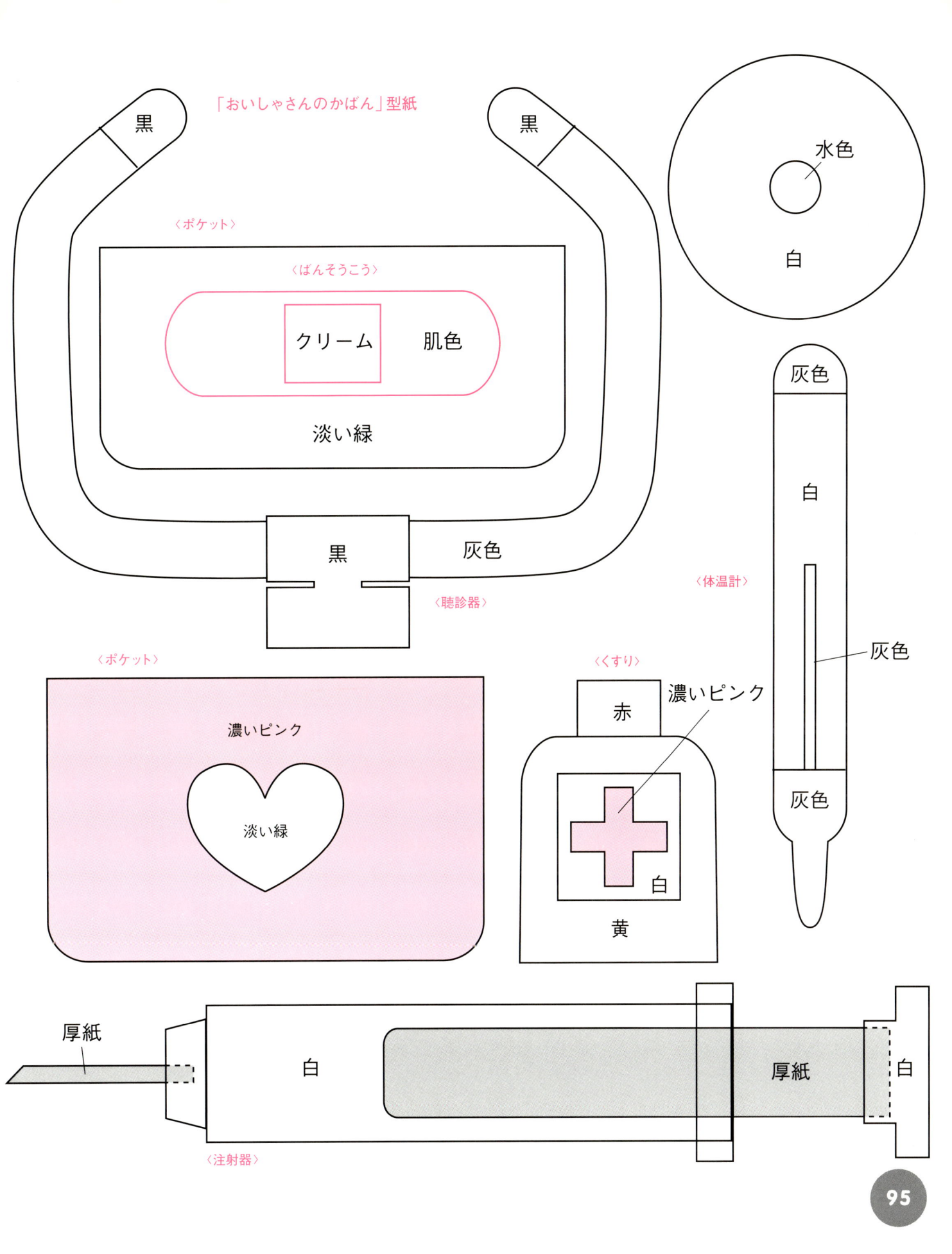

〈ポケット〉
〈ばんそうこう〉
クリーム　肌色
淡い緑
黒　灰色
〈聴診器〉
黒　黒

水色
白

灰色
白
灰色
灰色
〈体温計〉

〈ポケット〉
濃いピンク
淡い緑

〈くすり〉
赤
濃いピンク
白
黄

厚紙
白
厚紙
白
〈注射器〉

著者
いしかわ☆まりこ

千葉県生まれ。専門学校のトーイデザイン科を卒業後、おもちゃメーカーにて4年間企画・デザインを担当。その後、映像制作会社で幼児向けビデオの制作を手伝いながらフリーに。現在は、子どもや女性向けの造形作品を雑誌や映像で発表している。NHKの工作番組の造形スタッフとしても活動中。著書に『ひとりでできるもん これでパーでき！手作りグッズ』(NHK出版)。
http://www.geocities.jp/rasujojo

監修者
中谷真弓（乳幼児教育研究所）

エプロンを使った人形劇エプロンシアター®を考案し、1979年に保育雑誌『幼児と保育』で発表。以来、保育者対象の講習会、及び保育者養成校等でエプロンシアター®の指導にあたる。その研究成果を日本保育学会で発表。乳幼児の発達に即した布おもちゃの研究、乳幼児の遊びの指導のほか、「エプロンシアターの歌」のレコーディング、「エプロンシアターの演じ方」ビデオに出演。主な著書に『お話いっぱいエプロンシアター』(小学館)、『やさしい手ざわり布おもちゃ』(世界文化社)、『手作りしよう布おもちゃ』(明治図書)ほか多数。
http://www.nyuyoken.com/

STAFF
ブックデザイン／周 玉慧
描き文字・イラスト／いしかわ☆まりこ
型紙トレース／もぐらぽけっと
撮影／岡利恵子
企画・編集／下平紀代子（オフィスQ.U.U.）

かんたん！愛情手作り
布えほん・布おもちゃ

編集人／殿塚郁夫
発行人／永井道雄
発行所／株式会社 主婦と生活社
〒104-8357　東京都中央区京橋3-5-7
編集：03-3563-5133
販売：03-3563-5121
生産：03-3563-5125
http://www.shufu.co.jp
振替00100-1-36364

印刷・製本／図書印刷株式会社

■落丁、乱丁はお取り替えいたします。お買い求めの書店か小社生産部にお申し出ください。
■Ⓡ本書の全部または一部を無断で複写複製（コピー）することは、著作権法上での例外を除き、禁じられています。本書からの複写を希望される場合は、日本複写権センター（03-3401-2382）にご連絡ください。

ISBN 4-391-13045-9 C0076
© Mariko Ishikawa

＊本書で使用している100円ショップで買える商品は、店舗や季節により品揃えが異なったり、入手できなかったりすることもありますので、ご了承ください。